智能时代汽车安全技术及应用研究

杨忠来　著

延边大学出版社

图书在版编目（CIP）数据

智能时代汽车安全技术及应用研究 / 杨忠来著. -
延吉：延边大学出版社，2022.9
　ISBN 978-7-230-03881-2

　Ⅰ．①智… Ⅱ．①杨… Ⅲ．①汽车-安全技术-研究
Ⅳ.①U461.91

　中国版本图书馆CIP数据核字（2022）第173195号

智能时代汽车安全技术及应用研究

著　　者：杨忠来
责任编辑：翟秀薇
封面设计：文　亮
出版发行　延边大学出版社
社　　址：吉林省延吉市公园路 977 号　　　邮　编：133002
网　　址：http://www.ydcbs.com　　　E-mail：ydcbs@ydcbs.com
电　　话：0433-2732435　　　传　真：0433-2732434
印　　刷：廊坊市广阳区九洲印刷厂
开　　本：787 毫米 ×1092 毫米　1/16
印　　张：8
字　　数：200 千字
版　　次：2022 年 9 月第 1 版
印　　次：2022 年 9 月第 1 次印刷
书　　号：ISBN 978-7-230-03881-2

定　　价：68.00 元

前　言

在经济飞速发展的智能时代背景下，人们的生活水平和生活质量都有了质的飞跃，其中一个非常显著的特点就是汽车数量正在逐步增多。但同时道路交通事故发生率也大幅增长，这让我们不得不关注交通安全以及汽车安全技术的发展。为了确保广大人民群众的用车和出行安全，维护社会的稳定和谐，必须全面推进汽车安全技术的智能化发展，有效减少道路交通事故的发生率，提升车辆的安全程度。

当代汽车安全技术可以分为主动安全技术和被动安全技术两大类。主动安全技术是指通过提高或增加车辆的某些性能以避免道路交通事故发生的技术，这类技术通常是使用由传感器、计算机、执行机构构成的控制系统，可以使车辆具备某种特定的、传统汽车不具备的能力，从而避免道路交通事故的发生。被动安全技术是指在车祸发生后，通过某种方式尽可能降低驾乘人员受伤害程度的技术，以提高车辆的安全性。

随着汽车技术的发展以及汽车安全标准的不断完善，汽车安全技术的研究成果不断推陈出新，比如最开始出现的应用在汽车车身前部的保险杠、座椅上的安全带，到后来出现的防止汽车紧急制动时抱死的 ABS 系统、防止驱动轮打滑的 ASR 系统，到现如今比较先进的应用于行驶过程中的车距报警系统等，汽车安全性能不断提升。本书先从汽车主动安全技术方面切入，讲述主动安全技术在汽车上的主要应用，接着结合被动安全技术，全面地阐述当代汽车安全技术。

随着社会的进步和科技的发展，汽车技术也在迅速发展，未来汽车安全技术也必然会更加完善。具体的发展趋势有：第一，主动安全技术的地位凸显，其重要性越来越被人们认可。过去被动安全技术的发展一直备受重视，而随着人们安全意识的不断增强，实现与完善主动安全技术将是未来的发展目标。第二，随着人工智能、通信技术、自动控制等技术的发展，汽车安全技术也逐渐趋于智能化，比如自适应巡航控制系统、主动事故安全系统等，将成为智能时代汽车安全发展的主流。

本书在撰写过程中，参阅了大量的文献资料，引用了诸多专家和学者的研究成果，在此表示最诚挚的谢意。由于作者水平有限，书中的不足之处，敬请专家、学者及广大读者批评指正。

目 录

第一章 绪 论

第一节 国内外道路交通安全简况

一、国外道路交通安全简况

1886 年 1 月 29 日，世界上第一辆汽车诞生。随着汽车交通和汽车运输迅速发展，全球范围内的道路交通事故和伤亡人数大幅度增长。以美国为例，1906 年因道路交通事故而死亡的人数是 400 人，1910 年为 1900 人，翻了近五番；到了 1915 年，死亡人数达到 6600 人，与 1910 年相比，又翻了近三番。到 1920 年，美国因道路交通事故而死亡的人数已经达到 12 500 人，与 1915 年相比，又翻了两番。从 1906 年至 1920 年的 25 年中，美国因道路交通事故而死亡的人数总共翻了三十番。之后在汽车发展的过程中，道路交通事故发生率持续增加，美国因道路交通事故年死亡的人数甚至超过了 5 万人。日本在 1970 年因道路交通事故死亡的人数曾达到 16 765 人。世界其他发达国家的情况基本相似，即在机动化前期，随着汽车数量不断增加，道路交通事故发生率越来越高，且提升幅度较大。

统计资料表明，汽车诞生至今，全世界已有 4000 多万人死于道路交通事故，这个数字是第一次世界大战死亡人数的 2 倍多，超过第二次世界大战死亡的人数（第一次世界大战约死亡 1700 万人，第二次世界大战约死亡 3760 万人）。现在，全世界每年死于道路交通事故的人数超过 125 万，因道路交通事故受伤的人数超过 3000 万。从汽车诞生以后的交通发展来看，在世界上发达国家经历一段机动化前期的道路交通事故高发期后，各国政府均根据本国情况采取了一系列有针对性的整治措施，其中汽车的安全使用是重要的措施之一。

二、国内道路交通安全简况

1990 年至 2002 年，我国的道路交通安全状况不容乐观，2001 年全国公安交通管理机关共受理道路交通事故 75.5 万起。这些事故造成 10.6 万人死亡，38 万人受伤，直接经济损失达 30.3 亿元。全国因道路交通事故而死亡的人数首次突破 10 万，列世界第一位。2002 年，全国因道路交通事故而死亡的人数已达到 10.9 万。通过我国与其他国家的死亡率对比（我国为 1999 年的数据，其他国家为 1994 年的数据）可以看出，虽然按人口计算的相对死亡率较低，但按车辆计算的相对死亡率却是发达国家的几倍。

近几年，我国交通事故死亡人数及受伤人数有所下降，2020 年交通事故发生数量 244 674 起，同比下降 1.2%；交通事故直接财产损失金额为 131 360.6 万元，同比下降 2.4%。其中汽车交通事故受伤人数为 152 276 人，同比下降 3.1%；摩托车交通事故受伤人数为 53 582 人，同比下降 0.2%；拖拉机交通事故受伤人数为 1490 人，同比下降 17.7%；自行车交通事故受伤人数为 2518 人，同比增长 15.6%。2021 年我国交通事故死亡人数为 61 703 人，同比下降 1.7%；交通事故受伤人数为 250 723 人，同比下降 2.1%。其中汽车交通事故死亡人数为 43 098 人，同比下降 0.7%；摩托车交通事故死亡人数为 10 463 人，同比下降 0.1%；拖拉机交通事故死亡人数为 615 人，同比下降 12%；自行车交通事故死亡人数为 511 人，同比增长 16.1%。

由于我国经济发展迅速，汽车数量在我国城乡呈现前所未有的增长速度。除了从事营业性运输的车辆以外，非营业性运输车辆数量也不断增长，其使用群体不仅有职业驾驶员，还有大量的非职业驾驶员。所以，在现行经济基础条件下，为了提升我国公路运输以及自驾车辆的安全性、可靠性，提高汽车安全使用技术和国民素质显得尤为重要。

第二节　道路交通事故的危害性

国民经济各部门所包括的物质生产部门和非物质生产部门，统称为"产业"部门，运输业属于第三产业的流通部门。运输的目的是实现旅客和货物的空间移动，运输生产是社会再生产过程中的重要环节。运输的发展影响着社会生产、流通、分配和消费的各个环节，对人们日常生活、政治和国防建设都有重要作用。在国家综合运输体系中，随着骨架公路网的建成，汽车运输的作用愈来愈突出，尤其是高等级公路在国家骨架公路网中的发展，以及汽车运输的明显特点，使得汽车运输在国民经济建设中的作用不断增强。

但是，道路交通事故发生率持续上升，对我国国民经济的发展产生了很不利的影响。

一、道路交通事故的特点

道路交通事故给人类社会带来的损失，往往难以用数字衡量。从道路交通事故的发生情况来看，道路交通事故有以下几方面较为突出的特点。

（一）道路交通事故具有明显的突发性

道路交通事故往往都是突然发生的，人们在毫无思想准备的情况下，要接受一个难以承受的事实。道路交通事故不仅会给双方施以突如其来的打击，也会给双方家庭和社会带来极大危害。

（二）道路交通事故隐患较多

尽管我国高速公路的通车里程已经达到一定数量，但就全国整体情况来看，混合式交通还占大多数，驾驶员在行驶过程中可能会遇到各种各样的交通险情，这些险情成了交通事故的隐患。受经济基础和教育水平限制，在今后相当一段时间内，我国的交通难以摆脱现有状况，消除道路交通事故隐患迫在眉睫。

（三）道路交通事故具有一定的随机性

道路交通事故的发生受到人、车、道路环境诸多因素的影响，在某种程度上具有一定的随机性。车辆运行过程中，受到驾驶员个人、车辆的某种突发原因或者道路环境中某种偶然因素的影响，都可能引发交通事故。即使在正常行驶中，驾驶者没有任何失误，也可能被别人碰撞。

（四）道路交通事故涉及面广

在目前情况下，汽车交通事故每死／伤1人，就要涉及4～8个家庭。一起道路交通事故倘若死伤人数为10人，就会有40～80个家庭卷入突如其来的无情打击之中。单就全国每年死亡10万人计算，将会有40～80万个家庭处于万分悲痛之中。对于更多的伤残者，道路交通事故所带来的影响将无法估量。

（五）道路交通事故带来的损失愈来愈大

近些年，我国道路交通条件改善，车辆技术水平不断增加，使得汽车的运行速度不断提高，且大型豪华客车和大吨位货物运输车辆越来越多，这也导致公路运输车辆的结构发生了较大的变化。1981年，全国因道路交通事故而造成的直接经济损失为5084万元，20年后的2001年，这个数字就已超过了30亿元，加之由于道路交通事故而产生的交通堵塞等，所造成的损失更大。2019年中国交通事故直接财产损失中，机动车交通事故直接财产损失为 125 800.9 万元，同比下降 4%；其中汽车交通事故直接财产损失为 111 420.6 万元，同比下降 6.1%；摩托车交通事故直接财产损失为 10 771.5 万元，同比增长 0.8%；中国非机动车交通事故直接财产损失为 6212.2 万元，同比增长 13.6%。2020 年中国交通事故发生数量 244 674 起，同比下降 1.2%；交通事故直接财产损失金额为 131 360.6 万元，同比下降 2.4%。

二、道路交通事故的危害性

从上述道路交通事故的特点可以看出，道路交通事故所产生的危害极大，一是会使个人和家庭遭受重大打击；二是会导致国家和运输企业蒙受重大经济损失；三是会在社会造成不良影响。

由于道路交通事故是一种灾害性的随机事件，所以发生一起重大道路交通事故会造成人员伤亡，车毁物损；出现交通堵塞，会影响正常的交通秩序；会给人民生命财产造成重大损失，带来社会不安定因素；驾驶员和受难者家属将面对更糟糕的现实情况。社会是由千千万万个家庭组成的，道路交通事故的发生，可能会给一个家庭带来毁灭性的打击。近年来，因一起特大道路交通事故致使一个运输企业倒闭，或者致使一个家庭消失、变得不完整的悲剧不胜枚举。

三、发生道路交通事故的原因

发生道路交通事故的原因是多元且复杂的，只有分析道路交通事故的发生原因，才能发现引发道路交通事故的因素。引发道路交通事故的因素基本上可归结为人的因素、车辆因素、道路因素、经济因素、管理因素及交通法规因素。

（一）人的因素

交通是人类生存的四大根本需求之一，在道路交通事故中，人起着决定性作用，许多道路交通事故都是人为原因导致的。人是道路交通安全的主体，包括机动车驾驶员、乘车人、骑车人、行人等。道路交通事故的发生，其中有的是因机动车驾驶员的疏忽大意、违章行驶、操作失误所致；有的是因行人、非机动车驾驶员不遵守交通规则所致，其中最为突出的就是机动车驾驶员因操作不当所引发的道路交通事故。随着社会的发展，交通活动的频繁，人与车、车与车之间的交通冲突机会增加，直接影响我国的道路交通安全。

1. 从机动车驾驶员分析

机动车驾驶员数量激增、驾驶员安全驾驶技术水平不高、驾驶员缺乏职业道德、交通违法行为严重均是引发道路交通事故的重要原因。驾驶员在行车过程中注意力分散、疲劳过度、休息不充分、睡眠不足、酒后驾车、身体健康状况欠佳等潜在心理性、生理性原因造成的反应迟缓，也会酿成道路交通事故。

引发道路交通事故及造成损失的驾驶员主要违规行为包括疏忽大意、超速行驶、措施不当、违规超车、不按规定让行这五项。其中疏忽大意、措施不当与驾驶员的驾驶技能、观察外界事物能力及心理素质等有关；而超速行驶、违法超车、不按规定让行则主要是驾驶员主观上不遵守交通法规和驾驶过失造成的。驾驶员驾驶技术生疏、情绪不稳定，也会引发道路交通事故。此外驾龄与道路交通事故也有很大关系，驾龄在 2 年 ~ 5 年的驾驶员发生道路交通事故的次数较多，造成的死亡人数较多；而驾龄为 1 年的驾驶员发生道路交通事故的次数在驾驶员发生道路交通事故的次数的总数中并不占优势，但造成损失的按比例来看是最大的。

2. 从骑车人分析

骑自行车、电动车不走非机动车道，抢占机动车道；路口、路段抢行猛拐；对来往车辆观察不够；自行车制动系统失灵或根本就没有；骑车技术不熟练，青少年骑车追逐嬉戏等，均可造成道路交通事故。

3. 从行人分析

不走人行横道、地下通道、天桥；横穿和斜穿路口；任意横穿机动车道，翻越护栏、隔离带；青少年或儿童突然跑到道路上，见到突然行进的车辆反应迟缓、不知所措；不遵守道路交通信号及各种标志等，都会导致道路交通事故。

（二）车辆因素

车辆是现代道路交通中的主要元素，影响汽车安全行驶的主要因素是转向、制动、行驶和电气四个部分。我国机动车种类多、数量大，动力性能差别大，安全性能低，管理难度大。机动车在使用过程中经常处于各种各样的环境，承受着各种应力，如外部的环境应力、内部功能应力和运动应力。汽车、总成、部件等由于结构和使用条件（如道路气候、使用强度、行驶工况等）不同，汽车技术状况参数也会发生变化，导致机动车的性能不佳、机件失灵或零部件损坏，最终成为造成道路交通事故的直接因素。此外，有些不符合本地标准，安全技术检测状况差，甚至报废的车辆仍在行驶，有些个体户的出租车昼夜兼程，多拉快跑，只用不修，导致车辆技术性能差、故障多、机件失灵，从而引发道路交通事故。

（三）道路因素

道路是交通运输的基础设施，是影响道路交通安全的重要因素之一。道路建设力度逐步加大，公路里程、高等级公路增加幅度明显，同时交通客货用量增加，道路结构和交通条件日益改善，这些都为道路交通安全改善打下了基础。但是目前我国部分城市道路交通构成不合理，如交通流中车型复杂，人车混行、机非混行问题严重；部分地区公共交通不发达，服务水平低，安全性差；自行车交通出行比率大，骑车者水平不一、个性不同，非机动车与机动车和行人争道抢行；空驶出租车较多、私人车辆增加。这些无疑恶化着我国的交通安全状况。

我国道路基础设施建设的速度低于交通需求的发展速度，有的道路的设计与实际运行状况不协调；各地区道路线形、道路结构、道路设施不一，客观上给过往车辆的驾驶员适应交通环境带来难度；道路标志标线设置不科学、数量不足、设置不连续；道路周边的环境建设和配套设施建设没有考虑交通安全问题，设计标准与实际不协调，所有这些必然会导致道路交通事故层出不穷。

部分城市道路结构不合理，直线路段过长，道路景观过于单调，容易使驾驶员产生疲劳，注意力不集中，致使驾驶员反应迟缓而肇事；汽车的转弯半径过小，易发生侧滑；道路线形的骤变、"断背"曲线等线形的不良组合，易使驾驶员产生错觉，从而操作不当，酿成事故。

另外，路面状况对交通安全影响也较大。道路等级搭配不科学，路网密度不足，交通流不均衡，个别道路交通负荷度过大，交通安全性差；道路建设方面缺乏有效的交通影响分析，缺乏足量配套的措施、交通管理措施、停车设施等，均容易形成交通安全隐患。

（四）经济因素

我国属于发展中国家，面积大、人口多，经济的增长给交通安全带来了许多负面影响，致使交通需求与供给矛盾加剧。交通需求旺盛、交通设施齐全、交通流量大的地区，往往道路交通事故频发；交通需求量相对较小、交通设施尚不完善、交通流量小的地区，道路交通事故相对较少。

另外，农民对既能田间作业，也能代步和运输的"三栖"型交通工具的需求急剧增长。农用运输车发展迅速，已成为部分农民上山下田、走亲访友、进城赶集的主要交通工具。通往农村的公路上畜力车不断减少、机动车急剧增多，这也在一定程度上提高了道路交通事故发生率。

（五）管理因素

社会的发展和科技的进步，给交通管理带来了新局面。交通安全管理涉及的部门较多，工作责任分散，道路规划、设计、建设、维护、施工和管理等分属不同的部门，各部门之间缺乏统一的交通安全指导目标，各环节之间的不协调都是道路交通安全的潜在隐患。

道路交通管理滞后，也会影响道路交通安全。机动车管理与驾驶员管理不严；部分地方车辆检验、牌照管理、年度审核和车辆报废制度执行不严；机动车驾驶员培训及其再教育方面管理不完善；机动车和驾驶员异地管理难度较大，监管不力，不能实现对车辆和驾驶员跟踪管理。这些问题都增加了发生道路交通事故的风险。

此外，我国交通管理人员的素质、文化水平和管理水平参差不齐，交通安全管理水平一般，缺乏与交通管理需求以及交通管理部门所应用的新技术、新手段相适应的知识型、综合型的管理人员。交通秩序不良使道路交通安全状况进一步恶化，许多城市道路拥堵日益严重，交通秩序混乱，缺乏有效的交通组织、交通渠化手段。加之无效交通所占比例增加，进一步降低了微观道路系统的安全性。我国对交通安全管理的重视程度仍待提升，为改善道路交通安全所投入人力和财力较少；有的地方只有在发生重特大道路交通事故后才引起对交通安全的重视；有的地方缺乏有效的交通安全工作机制，对鉴别和改造现有危险路段的重视程度不够；道路交通事故的防治措施缺乏科学性、有效性和长期性。

（六）交通法规因素

健全、完善的道路交通法规是遏制道路交通事故的前提。道路交通规则的意义就在于秩序化交通，减少因无序交通而产生的交通堵塞、交通碰撞及因碰撞现象给人的生命和财产造成的不必要损失，维护广大交通参与者的共同利益，从而让每一个交通参与者都能平安、顺利地实现交通目的。然而目前，我国对交通法规的宣传力度仍显不足，也在一定程度上影响了道路交通安全。

第三节　汽车安全性与交通安全保障体系

为了减少道路交通事故，提高交通系统的安全性和可靠性，人们进行了长期的研究和努力。在竭力提高汽车安全性的同时，结合社会发展和科学技术的进步，对大量道路交通事故进行深入分析和研究，提出了建立道路交通安全保障体系这一策略。这样，从系统的角度全面降低道路交通事故的发生率，收到了较为理想的效果。

一、汽车的安全性

汽车的安全性是汽车在行驶中避免事故，保障行人和乘员安全的性能。汽车的安全性一般分为主动安全性、被动安全性、事故后安全性和生态安全性。在道路交通事故中，汽车本身的安全性能也是不可忽视的因素。汽车安全性能好，往往可以避免事故的发生或减轻伤亡的程度。能尽量减少道路交通事故中驾驶员和乘客的直接受害程度，保证驾驶员、乘客以及行人的安全的性能，称为被动安全性；在道路交通事故发生之前采取安全性措施，即在通常的行驶中，为确保驾驶员基本操作的稳定性、对周围环境的视认性和汽车基本行驶性能的稳定性，尤其是当即将发生危险状态时，驾驶员操纵转向盘进行避让或者进行紧急制动，以避免道路交通事故发生所开发的有关安全性能，称为主动安全性。另外，在实际使用过程中，汽车的安全检测与维护，对于随时发现潜在的隐患并加以消除以及保证汽车的安全性也具有重要作用。汽车的安全性在减少道路交通事故发生和降低道路交通事故的损失上发挥了重要的作用。

二、道路交通安全保障体系

道路交通安全保障体系是一个庞大的系统工程，它应用了信息论、控制论和系统论的观点，研究宏观世界中物质的运动规律，从复杂的多因素事物中找出道路交通系统特有的规律，并对其进行多方面的有效控制。道路交通安全保障体系以解决道路交通系统存在的问题并取得良好效果为目的。

（一）道路交通系统的组成

道路交通系统由人、车、道路环境三要素组成，该系统的工作实质是在保证客、货安全的前提下，完成迅速移动的过程。因此，道路交通安全保障体系就是以这个大系统为前提，以交通法规为依据，以管理为手段构成的。

在道路交通系统中，人是主动者，是系统的核心。从人的方面来看，为保障系统的安全，应做到加强职业驾驶人员的选拔和培训；重视安全态度、意识的教育；宣传交通伤害的急救等。其中教育与培训是预防措施，交通伤害的急救是解救措施。对于系统中的车辆来说，为保障其安全，应注重车辆的设计与制造、车辆的安全检测、车辆的维修技术等环节。良好的设计与制造，是保证车辆安全性能的前提条件，而车辆的安全检测与维修是保证车辆技术状况完好的必要措施。道路环境是系统的基础，为保障系统安全，它应该是科学合理设计、修建及维护的。倘若因道路周边环境改变或其他原因而频繁发生事故，应及时对道路环境进行改进。另外，还需配备完善的交通信号、标志，正确的监控设施等。

（二）道路交通安全的保障手段

管理是保障道路交通系统安全的手段，管理的基础应以我国交通法规为依据。由于汽车运输系统中包括人、车辆、道路环境三要素，因此法规也应包括道路方面的法规、车辆方面的法规和关于人的法规。例如，与人有关的有《中华人民共和国民法典》《中华人民共和国道路交通安全法》《中华人民共和国保险法》《中华人民共和国民事诉讼法》等法律法规；与车辆有关的有《机动车驾驶证申领和使用规定（公安部令第 123 号)》《公安部关于修改机动车登记规定的决定(公安部令第 124 号)》《机动车安全技术检验机构监督管理办法》等法律法规;与道路有关的有《中华人民共和国公路法》《道路交通标志与标线》等法律法规。管理中包括管理队伍素质、管理体制与机构以及现代管理的方法和手段等。

可以看出,道路交通系统的安全既涉及静态交通的道路以及有关环境设施,也涉及人和车辆的动态参与,还涉及社会政治、经济的结构。所以,道路交通安全保障体系是一个有机整体,其中每个要素或环节都与整个系统的安全密切相关,而整个系统的安全又依靠各个要素与环节来保证与提供。

截至 2020 年底,我国高速公路通车里程已位居世界第一,但仍有大部分道路还是混合式交通。加之部分地区道路交通设施落后,交通管理水平低,因此我国道路交通综合安全技术水平与发达国家相比仍有一定差距。从目前情况来看,要全面改善交通基础设施还有一定困难,而汽车保有量仍将会不断增加。所以,从战略意义上讲,进一步提高驾驶员整体水平和汽车安全技术状况,对减少道路交通事故具有重要的现实意义,也会收到事半功倍的效果。

第二章　驾驶员的个性差异与行车安全

　　个性在心理学中的解释是：一个区别于他人的，在不同环境中显现出来的、相对稳定的、影响人的外显和内隐行为模式的心理特征的总和。

　　个性是在人的生理素质基础上，在一定的社会历史条件下，通过社会实践活动形成和发展起来的，具有整体性、独特性、稳定性和社会性的特征。个性结构包括个性倾向性（需要、动机、兴趣）和个性心理特征（能力、气质、性格）两大部分。汽车驾驶员的个性差异反映了个人的独特风格，其与行车安全有着密切的联系。

第一节　个性倾向性与行车安全

　　个性倾向性是推动人进行活动的动力系统，是个性结构中最活跃的因素，决定着人认识周围世界的态度、选择和趋向，决定人追求什么。个性倾向性具体包括需要、动机、兴趣、爱好、态度、理想、信仰和价值观。个性倾向性体现了人对社会环境的态度和行为的积极特征。

　　个性倾向性的各个成分之间并不是彼此孤立的，而是相互联系、相互影响和相互制约的。其中，需要又是个性倾向性的源泉，只有在需要的推动下，个性才能形成和发展。动机、兴趣、信念等都是需要的表现形式。世界观制约着一个人的思想倾向和整个心理面貌，是人们言论和行动的总动力和总动机。

　　个性倾向性中的需要是整个动力系统的基础，是推动个体行动的动力。

一、需要的概念

　　需要是人脑对生理需求和社会需求的反映，是个体行为和个性积极性的源泉。需要并不会因暂时满足而终止，因此需要永远带有动力性。人对客观事物产生的情绪，是以客观事物能否满足人的需要为中介的，凡是能满足人的需要的事物，则产生肯定的情绪；凡是不能够满足人的需要的事物，则产生否定的情绪。需要推动个体意志的发展。人为了满足需要，从事一定的活动，在克服困难的过程中，锻炼了意志。需要又是个性倾向性的基础，是个体活动的基本动力。

二、需要的分类

心理学对需要有多种分类方法。其中，美国人本主义心理学家亚伯拉罕·马斯洛的理论对人的需要层次做了比较完整的论述，认为人的基本需要包括生理的需要、安全的需要、归属与爱的需要、尊重的需要、认知的需要、审美的需要、自我实现的需要，它们是相互联系、相互依赖和彼此重叠的，并排列成一个由低到高逐渐上升的层次。

三、需要与行车安全

生理需要相对满足后，就会出现安全需要。安全需要指避免危险，生活有保障，也包括工作岗位稳定、有一定数量的储蓄、社会安定等。汽车驾驶员在基本的生理需要满足之后，安全需要就上升到了突出的位置。但是，需要层次的理论告诉我们，安全并不是人类的唯一需要，各层次间需要的强度和优势是可以互相影响、互相转化的。当安全需要占优势时，汽车驾驶员会自觉地调整自己的交通行为，调整行车速度和行车路线，严格遵守交通指示信号，保证安全行车。当汽车驾驶员的优势需要被某种其他需要取代时，就会对安全行车带来威胁。这种对汽车驾驶员安全需要的冲击和影响，常常表现为以下几种形式。

（一）显示自我能力的需要

在行车途中，汽车驾驶员需要有快速的反应、正确的判断、准确的操作，这是交通活动中的基本能力。个别汽车驾驶员在某些特定情境下，如受到别人赞扬时、朋友坐在车上时、看到别的汽车驾驶员超车时，会有跃跃欲试的冲动，产生显示自我能力的需求。具体表现为在超车很困难的情况下强行超车，在车速很快时与行人抢行，与自行车、摩托车抢道等。这些行为是当事人为了引人注目，过于相信自己的能力，又迫切需要证实这些能力时发生的。此时，安全需要显然被削弱了。

（二）脱离约束的需要

汽车驾驶员开车上路就要遵守交通法规，这是每一位汽车驾驶员都应该明确的基本道理。但是也有个别汽车驾驶员不能适应环境的要求，渴望"无人约束"，当这类汽车驾驶员开车上路时，就会产生脱离约束的需要，表现出闯红灯、超速行驶、强行超车、挤道、占道等不文明、不安全的行为，增加了不安全因素。

（三）实现自尊的需要

心理学认为，当人们感到自尊心受到伤害时，受尊重、受重视的需要就会占据主要位置，使安全需要处于次要地位。行车途中如果存在这种心态，汽车驾驶员就会为了肯定自己的能力、勇气与权威而采取不安全的行为，如开斗气车、互相挤压、互相超车、互不相让等。这种为满足虚假的自尊心而采取的行为是极其危险的，是安全行车的大忌。

（四）节省体力的需要

一个优秀的汽车驾驶员在出车回来后，无论身体多么疲劳，总不忘记检查车辆，遵循正常的车辆保养制度，这是减少机械故障、保障行车安全的需要。但是，也有个别汽车驾驶员因为疲劳、怕麻烦就擅自减少对车辆必要的检查和保养，这样表面看省事了，但实际上却使一些事故隐患长期存在。也有的汽车驾驶员为节省体力，强行开车走那些不够安全的"近道"，这些行为都增加了车辆发生事故的可能性。

（五）其他方面的需要

有时汽车驾驶员开车外出还肩负有其他任务，如帮助同事购物、寻找地址、游览观光等。此时，汽车驾驶员的注意力很可能被某个目标或某个事件吸引，使注意力高度集中于其他方面的需要，导致安全需要被削弱。

从以上的分析中我们可以看到，汽车驾驶员除了安全需要以外，还会有其他方面的需要，这些需要的强度增加，有时会冲击和削弱安全需要。也就是说，作为汽车驾驶员，一方面希望保证安全行车，不愿造成他人或自身的伤亡；另一方面又想自我显示、脱离约束、实现自尊与节省体力。当这两类需要在驾驶过程中始终发生冲突时，若是安全需要占据优势，则驾驶行为注重安全而不至于发生事故；若是其他需要占据上风，则驾驶行为倾向冒险而易发生事故。有人认为，需要系统的变化是驾驶员人为促成事故的心理根源。因此，汽车驾驶员应当明确，要保证行车安全，就必须经常调整自己，使安全需要始终成为优势需要。

第二节　个性心理特征与行车安全

不同汽车驾驶员的心理活动既有共同性，也有差异性。这种差异性就是驾驶员个性心理特征，包括能力、气质、性格等。而人的心理活动的认识、情感、注意等也和个性心理特征紧密相连，从而带有个人特点。每个汽车驾驶员生理条件和社会实践不同，其个性也随之不同。不同的个性心理对安全行车会造成不同的影响。

汽车驾驶员的个性心理与安全行车有着密切的联系。美国哈佛大学的心理学家闵期波格认为，一名优秀的驾驶员必须具备适应驾驶的性格、气质、情感以及敏捷的反应能力，能在千变万化的行车过程中持续地接受和分析周围环境与汽车状态的信息，并做出合理的操纵动作，心理素质良好。

一、能力与行车安全

能力是指能够顺利地完成一切活动所必须具备的个性心理特征。一个人的能力主要表现在人的活动效率方面，对一个人掌握知识、技能有直接影响。多种能力因素的有机结合是完成好驾驶活动的基础。多年来，人们倾向于把能力分为一般能力和特殊能力两大类。一般能力是指人从事各种活动时必须具备的基本能力的综合，包括观察力、记忆力、注意力、思维力、想象力等，这些能力也可被称为智力。智力是保证人们学习和掌握知识、技能的基础。特殊能力是指从事某种专业活动时必须具备的一些能力，如驾驶能力、表达能力、管理能力、绘画能力等，它是人有效地完成所从事的专业活动时必须具备的能力。

驾驶活动中，脑体结合的工作性质，决定了一个合格的汽车驾驶员必须具备中等水平的智力。智力水平过低或过高的人员均不适宜从事职业驾驶工作。这是因为智力水平低的人不仅不能有效地掌握各种驾驶的基本知识，而且行车中很难做到全面正确地感知与处应对复杂多变的交通环境，常常出现反应迟缓和判断、操作失误。智力水平过高的人则不满足于驾驶工作，注意力常常被新的或更高的需要吸引而分心，或者由于过于自信，对各种安全教育漫不经心，对复杂交通环境放松警觉，致使信息处理过晚，或操作失当。国内外的大量研究也表明，智力水平低于平均水平 20% 或高于平均水平 20% 的人更易发生道路交通事故，而中等智力水平的人道路交通事故发生率则明显偏低。

驾驶能力是指汽车驾驶员能够顺利、安全地从事驾驶活动所必须具备的心理特征，它是以一般能力为基础的一组特殊能力的组合。汽车驾驶员的特殊能力主要包括以下五类。

（一）灵敏准确的感知力

在驾驶能力结构中，感知能力占重要的地位。感知能力通常是指能准确、迅速感知驾驶过程中所需要的一切与交通有关的信息的能力。在车辆行驶中，灵敏、准确的感知能力为思维判断和正确操作提供了可靠的依据。

（二）宽阔稳定的注意力

良好的注意力包括注意范围广泛，注意稳定性强，注意分配全面、正确，注意集中，注意力转移灵活、迅速等。汽车驾驶员在行车途中既要注意来自车辆前方、上方、下方、左方、右方甚至后方的各种信息，又要注意安全行车。所以，驾驶员必须有稳定的注意力。

（三）敏捷准确的反应力

汽车驾驶员在对各种交通信息进行正确感知和判断后，要能敏捷、准确地做出反应。犹豫不决、反应缓慢往往延误时机，导致道路交通事故发生。

（四）良好的情绪控制力

一般来说，情绪波动对安全行车会有一定的影响。如果人的情绪过度紧张或情绪不佳时，就会使机体内各种能力的效率降低，在这种消极情绪状态下行车，最易引发各类道路交通事故。

（五）独立正确的判断力

独立正确的判断力是指汽车驾驶员在感知车外各种信息时，能不受外界环境（如广告、霓虹灯等）的干扰和影响，做出正确选择的能力。有些人易受到外界环境的影响，他们对环境判断的独立性较差，具有较强的环境依赖性。

在驾驶实践活动中，汽车驾驶员能力和水平的差异，会使工作质量大不相同，其原因主要有两点。一是能力发展水平的差异影响工作质量。一般认为，人的智力水平是呈正态分布的（又称常态分布），智力水平极高和极低的人员占少数，而大多数人的智力处于中间状态。二是能力在年龄上的差异影响工作质量。从心理活动发生、发展的规律来看，人心理活动的高峰期在 18～35 岁，45 岁以前各种能力基本保持在较高水平，45 岁以后各种心理活动水平逐渐下降。到了 55 岁以后，就不易继续从事职业驾驶员工作，以免影响工作质量。

二、气质与行车安全

气质是表现在心理活动的强度、速度、灵活性与指向性等方面的一种稳定的心理特征。

汽车驾驶员的气质表现在两个方面。一是心理活动的强度、速度和灵活性方面。情绪表达的强弱、意志努力的程度等，是心理活动的强度特征；知觉的敏锐度、思维的敏捷性和灵活性、注意力转移的速度等，是心理活动的速度和灵活性特征。这些心理活动的特征使每个汽车驾驶员的全部心理表现不论时间、场合、活动内容、兴趣、动机，均涂上自己独特的色彩，体现出一致、稳定的气质特征。二是汽车驾驶员的气质表现出典型性和稳定性的特点。气质具有"天赋性"，受个体生物特征的制约和遗传因素的影响较多。例如，可以从婴幼儿身上观察到，有的孩子反应积极、迅速、喜吵闹、好动、不认生；有的孩子反应消极、迟缓、比较平稳、害怕生人。这些个体间的气质差异，在成年之后形成比较稳定的心理特征。虽然后天的实践、外界条件的影响和人的主观努力会使气质发生缓慢的变化，但是与其他心理特征相比，气质更具有稳定性。

气质与安全行车的关系可以从不同气质类型的表现中反映出来。采用巴甫洛夫的"高级神经活动类型学说"与希波克拉底的"体液学说"相对应的分类方法，可以将人的气质分为四种类型，其各自特点以及在行车中的表现如下。

（一）强不平衡型（胆汁质）

表现为积极热情，情绪产生迅速、强烈，动作上比较猛烈迅速；精力旺盛，但易冲动，自制力差；性情急躁，办事粗心，具有外倾性。在驾驶中表现为胆量特别大，常常有超速行驶、强行超车、争道抢行和开斗气车等行为。在中、短距离行驶中，能较好地完成驾驶任务。但其工作带有周期性，情绪大起大落，当精力耗尽时会一蹶不振，在长途行车中很难保持良好持久的工作状态。因此，一般不宜担任道路状况不好的长途运输任务。

（二）强平衡灵活型（多血质）

表现为热情亲切、活泼好动、反应灵活、行动敏捷、情感丰富、兴趣广泛多变，但情绪不太稳定，缺乏耐力和毅力，具有外倾性。在驾驶中表现为对道路条件适应快，应变能力强，在比较复杂的道路条件下胆大心细、机动灵活，能较好地完成驾驶任务。但其注意力容易分散，对自己不感兴趣的事就会觉得无聊，表现在驾驶上就会出现注意力不集中的情况，从而易发生事故。

（三）强平衡稳定型（黏液质）

表现为情绪稳定、不易激动、心平气和、自制力强、工作有条理、沉着稳重、沉默寡言、善于忍耐，但不够灵活，反应较迟缓，具有内倾性。在驾驶中表现为四平八稳、遵章守纪、不气不急，也不易发火。但开车时对道路交通环境的适应不够灵活，在复杂的环境下应变能力差，反应相对迟缓。这种气质类型的驾驶员更适宜在道路情况不太复杂的条件下长途行驶。

（四）弱型（抑郁质）

表现为细心谨慎、感受力强、想象力丰富、情绪体验深刻稳定，善于观察细小事物，但多愁善感、性情孤僻，胆怯不果断，工作易疲劳，具有内倾性。在驾驶中表现为胆量较小，遇见危险往往犹豫不决或优柔寡断，面临危险时惊慌失措，致使本来可以避免的事故发生。在长途行驶中易疲劳，对各种刺激敏感，一般不适宜单独担任某些危险性和挑战性特别强的任务。

在汽车驾驶员群体中，因社会化的影响，大多数人往往是上述两种或三种气质类型的混合型，并兼有某种气质倾向，较少有人只属于某一类型。因此，我们在判断某个人或自己的气质类型时，切忌硬性把他人或自己划归为典型类型中的某一种。气质的类型并无好坏之分，每一种气质都有其长处，也有其短处。因此，作为汽车驾驶员，要善于发扬自己气质中有利于安全行车的一面，克服和控制自己气质中不利于安全行车的一面。例如，胆汁质型的汽车驾驶员需要控制自己的冲动，遇事要冷静，不随意发火、不急躁；多血质型的汽车驾驶员要集中精力，在执行运输任务时要认真负责、一丝不苟；黏液质型的汽车驾驶员要注意工作效率，加强灵活性；抑郁质型的汽车驾驶员要心胸开阔，着重培养和塑造自己不畏艰难险阻的可贵精神，真正做到扬长避短，确保行车安全。

三、性格与行车安全

性格是指表现在人对现实的态度和相应的行为方式中的比较稳定的、具有核心意义的个性心理特征，它是一种与社会相关最密切的人格特征，在性格中包含有许多社会道德含义。它可以表现一个人的品德，会受到人的价值观、人生观、世界观的影响。

人与人的性格存在很大差异，"人心不同，各如其面"。按心理活动的倾向划分，性格可分为外向型和内向型两种。外向型的人通常活泼好动，喜闻乐道；内向型的人则沉静孤寂，独来独往。性格是人的个性心理特征中最重要的方面，是区别一个人最鲜明、最主要的标志。每个汽车驾驶员的社会生活实践，都会通过心理活动的认识过程、情绪过程和意志过程在自己的反映机构里保持、巩固下来，形成独特的态度体系，并以相应的形式表现在行为之中，形成一定的驾驶行为方式。正如恩格斯所说："人物的性格不仅表现在做什么，而且表现在他怎样做。"意思是说，性格是个人对现实的态度，即他想"做什么"；以及他活动的方式和行动的自我调节，即他是"怎样做"的。

心理学研究表明，性格与安全行车有着密切的关系。为什么有的汽车驾驶员频繁出现交通事故，而有的汽车驾驶员却很少出现交通事故？国外有学者做过统计，发现许多事故都集中在部分人的身上。后来，科学家们把一部分容易发生事故的人称为"事故多发者"，并进行了各种测验。检测发现，这些人具有攻击性、好表现自己、爱动、喜欢冒险、情绪不稳定的性格特征。而那些无事故、优秀汽车驾驶员所表现出来的性格特征为热爱自己所从事的职业，认真和真诚地对待工作，具有高度的责任感和安全意识，情绪稳定、忍耐性强，不论在道路上行车或在家庭生活中，他们都是非攻击性的。从我们周围的一些"先进汽车驾驶员"和"红旗车驾驶员"的经验和事迹中也可以看到，这些汽车驾驶员都具有良好的职业道德和过硬的心理素质，对驾驶技术精益求精，爱护车辆。一些曾经发生过事故的汽车驾驶员，若能注意吸取教训，认真改正自己急躁、粗心、责任心不强等不良性格，也会变成一名合格的职业汽车驾驶员。

国内心理学专家研究发现，有些外向型性格的汽车驾驶员容易发生道路交通事故。这是因为，尽管他们自信心强，感知觉灵敏，临危反应及应变能力强，驾驶动作敏捷协调，但内在体验薄弱，易受情绪左右，好冲动，自我控制能力较差，喜欢刺激和冒险，胆大而心不细。而有些内向型性格的汽车驾驶员也容易发生道路交通事故，虽然他们的心理活动过程经常指向内心世界，勤思考，内在体验深刻而不外露，善于控制自我情绪，但他们自信心不强，反应缓慢，应变能力差，尤其是临危之时缺乏自信和果断，紧急避险失误率较高。

有关专家指出，一般说来，有下列性格特征者不宜当汽车驾驶员：

（1）反应迟钝，遇事优柔寡断；

（2）性格暴躁，感情冲动，不能自我控制；

（3）神经质，遇事想不开，爱钻牛角尖；

（4）观察事物粗枝大叶，思考问题肤浅、草率、简单；

（5）情绪变化太大，喜怒无常；

（6）个性太强，太任性；

（7）轻视法规，不注重生命，安全意识差；

（8）对工作安于现状，不负责任。

第三节　驾驶适应性检测

道路交通事故已成为"世界第一害"，而中国是世界上道路交通事故死亡人数较多的国家之一。道路运输业的快速发展对国民经济的促进作用是毋庸置疑的，然而道路交通事故却危害着我国人民的生活。研究结果表明，导致道路交通事故的原因有人、车、路三种因素，其中人的因素占70%～80%。因此，驾驶员适宜性检测很有必要。

20世纪80年代初，日本的道路交通事故率居世界之首，由此引起了政府和学者的重视，开始研究汽车驾驶员适宜性检测问题，并陆续开发出一系列检测诊断设备，对驾驶员每隔3年检测轮训（再教育）一次。具体操作流程为通过对驾驶员进行心理、生理检测，分析出驾驶员发生道路交通事故的原因，对肇事驾驶员有针对性地培训，改正其操作方法；对有些不适宜从事驾驶工作的人员，劝其从事其他行业工作。由于此项研究成果被深入广泛地应用，使日本连续9年成为世界上道路交通事故最少的国家，其道路交通事故得到了有效遏制。驾驶员适宜性检测在国内也有成功的案例，如某司机训练基地自1991年起，对每年入伍的新汽车兵进行心理素质检测并跟踪检测结果，检测不合格的新兵都不能做驾驶员，这个单位10年中没有发生大的道路交通事故。这个实例证明了驾驶员适宜性检测的应用是很有成效的，驾驶员的心理素质对道路交通安全有重要影响。

驾驶员适应性指从事机动车驾驶工作应该具备能够适应安全驾驶需要的生理条件、心理条件、行为意识、行为能力等多方面的条件。驾驶员适应性检测依据《机动车驾驶员身体条件及其测评要求（GB18463—2001）》，对驾驶员进行生理、心理条件检测。

驾驶适应性检测的意义在于对驾驶员的心理和身体功能情况进行科学测定，并针对不同检测结果对驾驶员进行安全教育和指导，全面提高驾驶员群体素质。因此，驾驶适应性诊断检测及驾驶员的再培训是预防道路交通事故的有效措施。以下介绍几种常用的检测方法。

一、速度估计检测

速度估计是指被试者对物体运动速度感知判断的准确性，即对速度快慢的估计能力。估计偏高和偏低均影响判断的准确性。

（1）检测方法：被测试者观察在路面（明区）匀速运动的小汽车，当小汽车进入盲区后，被测试者根据小汽车在明区移动的速度推测其通过盲区所需要的时间，时间到立即按下右上角按键，练习2次，测试6次

（2）标准：初考驾驶员为500 ms～2400 ms；在职驾驶员为800 ms～2500 ms。

（3）检测目的：检测驾驶员在多种心理特性感觉中对速度的过早反应倾向（动作提前倾向），目的是诊断驾驶员的速度感觉和焦躁性。

二、操作技能检测

操作技能检测是指注意能力测试，被试者需要在操纵方向盘控制左、右两根指针的同时，不断回避动态中呈现的障碍标记，通过分析误操作次数测定被试者注意力的稳定性，以及注意分配和注意转移的能力。

（1）检测方法：被检测者开始测试时，画面会出现一边往上运动和一边往下运动的红绿色方块。被检测者用方向盘控制两个小车，转动方向盘对运动中的红绿色方

块进行规避，使两个箭头同时从方块的绿色端通过，但不能碰到双色横条和两边的边界，直到检测完毕

（2）标准：初考驾驶员 ≤ 130 次；在职驾驶员 ≤ 110 次。

（3）检测目的：用于检查驾驶员在驾驶中注意力分配及其持续的能力，衡量驾驶员方向操作的正确性，发现驾驶员注意力的稳定性和注意力分配、注意力持续方面的缺陷。

三、复杂反应判断检测

该项目检测机体在一定时间内对外界刺激做出正确应答的判断能力，用误反应次数表示检测结果。

（1）检测方法：被测试者在开始测试时，看到黄色图案，立即按下左手按键，看到绿色图案，立即按下右手按键，看到红色图案，立即踩下右脚踏板，当听到耳机内有蜂鸣声，不管看到任何颜色的图案都不要进行操作，直到测试完毕，练习 4 次，测试 16 次。

（2）标准：初考驾驶员 ≤ 8 次；在职驾驶员 ≤ 5 次。

（3）检测目的：检查驾驶员在各种不同驾驶条件下是否具备正确的注意力分配，以及检测驾驶员在不同刺激下适当的知觉反应动作及正确的处理方式。

四、动视力检测

该项目检测人与视觉对象存在相对运动时，人眼辨别物体的能力。

（1）仪器：动视力检测仪。

（2）检测方法：当听到检测人员说"开始"后，被测试者看清由远到近移动的"C"字形缺口方向后立即按下面板按键，并告诉测试人员缺口所指方向，连续测试五次。

（3）标准：动视力 ≤ 0.2 s。

（4）检测目的：常规的静视力良好者，动视力未必就好，而影响交通安全的主要是动视力。通过检测驾驶员的动视力可以了解其对移动物体的辨别能力，从而对检测不合格的驾驶员给予强化训练，提高驾驶员感知移动事物的视觉机能，保障驾驶员的出行安全。

五、视力、夜视力检测

夜视力是暗适应视觉，是人眼在明亮环境下突然进入黑暗环境中逐渐恢复辨别物

体的能力。

（1）仪器：视力、夜视力检测仪。

（2）检测方法。

视力：被测试者额头靠近检测窗口，检测孔正中黑色圆圈内会出现一个"C"字，在看清缺口方向后告诉检测人缺口方向。分双眼和左眼、右眼检测。

夜视力：夜视力检测前 30 s，检测孔内有强光刺激眼睛，这时，检测孔内有红色小灯随机闪烁 2 ~ 7 次，被测试者每看到闪烁 1 次，按左手计数按键 1 次。30 s 后，光刺激灯熄灭，暗适应开始，看清黑色圆圈内的"C"字缺口方向后立即按下右手应答按键，然后告诉检测人员缺口方向。

（3）标准：两眼视力（允许矫正）≥ 0.7，夜视力 ≤ 35 s。

（4）检测目的：夜间行驶时，由于汽车前灯及其他各种照明，光亮度和黑暗度在时刻变化。在这种情况下，如果驾驶员辨认事物的功能低下，易酿成车祸。通过夜视力检测，可以筛选出具有夜视力缺陷的驾驶员，对其进行治疗和强化训练，保障安全驾驶。

六、视野检查

视野的大小影响驾驶员观察的范围，可进行人的单眼和双眼的视野检查。

七、深视力检查

深视力是指被试者对物体深度运动的相对距离和空间位置的感知能力。

（1）仪器：深视力检测仪。

（2）检测方法：被检测人员坐到距检测仪 2.5 m 处，听到检测人员说开始后，会看到有三个标示杆，中间的标示杆会随机前后移动，两侧的标示杆作为参照物存在，当被检测人员感觉三个标示杆在同一平面上时，立即按下手中应答按钮，连续测定三次。

（3）标准：初考驾驶员为 ±25 mm，在职驾驶员为 ±22 mm。

（4）检测目的：在检测中发现，驾驶员深视觉盲者为 2.1%。深视力存在缺陷容易酿成道路交通事故。通过对驾驶员的深视力检测，了解其远近视力的状况。对检测不合格的驾驶员提出有针对性的安全建议，保障驾驶员出行安全。

八、血压检测

（1）仪器：血压计。

（2）检测方法：被测试者将衣袖摺起至大手臂处，然后将手臂伸入检测孔内，肘关节抵住测试仪拐弯处进行测试，测试时不要说话，不要乱动，保持轻松。

（3）标准：收缩压＜140 mmHg，舒张压＜90 mmHg。

（4）检测目的：驾驶员是典型的职业紧张人群，其患高血压的概率高于其他人群。对驾驶员进行血压检测，可以掌握驾驶员的血压状况，便于预防和治疗，防止其在工作中由于血压过高引起突发性疾病，影响安全驾驶。

九、肺功能检测

（1）仪器：肺功能检测仪。

（2）检测方法：被测试者在听到检测人员说开始后，深吸一口气，然后对着吹筒细的一端用力呼出肺内全部气体。

（3）标准：检测标准依据个人身体情况对应的参数值。

（4）检测目的：了解驾驶员呼吸系统的生理状态，明确肺功能障碍的类型，对检测不合格的驾驶员提出治疗建议，保障驾驶员行车安全。

第三章 汽车主动安全技术

第一节 安全技术简介

一、汽车安全防护装置的基本功能和结构原理

当发生汽车碰撞事故时，安全防护装置能有效地减轻人员伤亡程度以及汽车损坏程度。两辆汽车发生碰撞时，汽车的前、后保险杠或车身侧面的护条等构件相互接触，随后便是与这些构件相连接的车身构架产生坍塌与变形，危及车内驾乘人员。

当汽车前部受撞击时，车内驾乘人员会因惯性作用而离开座位向前冲。此时，仪表板、转向盘、风窗支柱、风窗玻璃、风窗框上横梁等，往往会与人体的胸、腹或头部相撞，成为主要致伤构件。

汽车与行人碰撞时，保险杠、车前钣金件或车身前围等部位最易使行人受伤。行人受撞击后，其头部很可能倒向轿车的发动机罩、风窗框下缘或风窗玻璃等部位。由此可见，对汽车车身构架及上述各结构部分均应有较高的安全要求。

发生汽车碰撞事故时，运动急剧停止、缺乏缓冲距离以及人体与尖硬物直接接触等都会导致驾乘人员伤亡。因此，汽车安全防护装置的基本功能和结构原理可归纳为：

（1）对驾乘人员施加约束，避免驾乘人员在汽车碰撞时与车内物体撞击或被甩出车外。

（2）采用软性具有缓冲作用的材料，即构件能以适当的变形距离吸收撞击能量，或者说使速度逐渐下降而避免出现较大的减速度和碰撞力。

（3）加大人体与汽车构件的接触面积，避免产生点接触从而使碰撞造成的单位面积挤压力减少，或使碰撞力转移到人体非要害部位。

为了提高汽车的安全性能，设计者应从以下六个方面提高汽车的安全性能：

（1）碰撞减缓和吸能技术。开发各种新型材料，在此基础上提高车体的吸能性；采用缓冲碰撞及吸能材料，如碳素纤维强化塑料与钢材混合的车架大梁，并填充泡沫

充填物及其他新材料。

（2）驾乘人员保护系统。开发各种安全气囊，从最初的正面安全气囊、侧置安全气囊发展到二次爆发式安全气囊、智能安全气囊以及气囊式安全带，并用新型气囊气体取代旧式气囊气体。

（3）轮胎压力检测系统。轮胎压力检测系统根据车轮转速测量或直接用传感器测量气压的方式来判断轮胎气压是否过低、过热以及轮胎受损程度，从而及时向驾车者报警。

（4）汽车环境识别系统。通过安装车内的路况传感器、激光扫描雷达、摄像监视器等，准确探测汽车前方的障碍物与车辆的距离，并根据探测结果做出指令，尽量减少碰撞事故的发生。

（5）驾驶员状态识别技术。利用探测器监视驾驶员的精神状态，并根据监测结果通过发出警报声、冷风及振动座椅等方式提醒驾驶员，直至自动刹车。

（6）卫星定位救援系统。利用卫星定位系统确认事故地点，及时告知救援基地进行抢救。

二、车辆的主动安全要求和被动安全要求

车辆在安全方面有两种要求：第一种是主动安全，即提高车辆行驶的稳定性，要求防范事故于未然。另一种是被动安全，要求在发生碰撞时保护驾乘人员。在碰撞事故中，要使车厢的变形减至最小，并且要使驾乘人员因在车厢内移动而发生第二次碰撞的机会降至最低。汽车安全设计要从整体上考虑，不仅要在事故发生时尽量减少驾乘人员受伤的概率，更重要的是在轻松和舒适的驾驶条件下帮助驾驶者避免事故的发生。被动安全技术和主动安全技术是汽车驾乘人员人身安全的重要保障。过去，汽车安全设计主要考虑被动安全系统，如设置安全带、安全气囊、保险杠等。现在汽车设计师们更多考虑主动安全设计，使汽车能够自己"思考"，主动采取措施，避免事故的发生。比如，在汽车上装有由计算机进行控制的汽车规避系统，包括装在车身各部位的防撞雷达、多普勒雷达、红外雷达等传感器，盲点探测器等设施。在超车、倒车、换道、大雾、雨天等易发生危险的情况下随时以声、光的形式向驾驶者提供车体周围必要的信息，并自动采取措施，有效防止事故的发生。另外，在计算机的存储器内还可以储存大量有关驾驶员和车辆的各种信息，对驾驶员和车辆进行监测控制。例如，驾驶者困倦预警系统、轮胎压力预报系统、发动机火警预报系统、车前灯自动调整系统、拐角监控系统、汽车间信息传输系统、道路交通信息引导系统、自动刹车系统、灭火系统等。

第二节　刹车系统的安全技术

一、盘式制动器

20 世纪 60 年代，汽车工业引进前盘式制动器，给汽车制动技术带来了飞跃性的进步。盘式制动器不仅能提供更短的制动距离，而且在各种制动条件下都具有更加连贯的制动性能。现在，许多汽车制造商都提供四轮盘式制动器，使汽车具有更强的制动性能。

盘式制动器设计的内在优点是，能够有效散发在制动过程中产生的摩擦热。鼓式制动器在强烈制动时，若制动衬垫和旋转制动表面产生的摩擦热得不到有效冷却，将导致制动力减弱。此时，驾驶员必须加大踩踏刹车踏板的力度，否则将导致制动距离增长，从而增加事故发生的可能性。由于盘式制动器随车轮不断旋转，表面暴露在空气中并直接被通过的气流冷却，因此由摩擦产生的热量能够得到有效冷却。同时，当旋转表面因摩擦产生的热量而膨胀时，制动衬垫仍然自由悬浮在机架内，从而使制动衬垫和旋转表面保持最小的距离。

二、ABS、BAS、EBS 和 ASR

（一）汽车防抱死制动系统（ABS）

自 20 世纪 80 年代后期以来，汽车技术的重大成就之一就是汽车防抱死制动系统（ABS）的使用，并在此基础上发展了刹车辅助系统（BAS）、电子制动系统（EBS）和驱动防滑系统（ASR）。ABS 由 ABS 电脑、液压装置、车轮转速传感器、制动液压管路及电气配线等组成。每个传感器都有一个带齿的脉冲轮，脉冲轮随车轮转动，并切割传感器产生的磁场，然后传感器将感应出来的交流信号传送到 ABS 电脑中。ABS 电脑是一个微处理器，它主要有三项功能：

（1）计算输入信号；

（2）控制输出信号；

（3）自诊断功能。

车轮转速传感器将车辆行驶时的"加速""减速"等信息以电子信号的形式传送给 ABS 电脑，ABS 电脑对这些信号进行处理，并根据计算出来的结果进行控制，即调节液压装置内的电磁阀等执行元件，使分泵内的油压维持在安全制动状态。液压装置主要由电磁阀、回油泵电机、电磁阀继电器、泵电机继电器组成。一般采用 4 个电磁阀分别控制 4 个车轮分泵。当 ABS 电脑根据传感器的信号判定某个车轮即将抱死时，该车轮的电磁阀搭铁导通，控制电子回油泵工作，从而使该车轮分泵内的制动液回流至相应的制动管内。于是，该车轮分泵内的油压减小，从而防止了车轮抱死，保证汽车在制动时不会失去转向能力。此外，ABS 电脑还不断地监测系统电路，一旦出现故障，ABS 电脑就会关闭防抱死系统，同时点亮故障指示灯，并在存储器内存入一个相应的故障码。液压装置位于发动机舱内，与其他普通的制动系统形成一个整体。

　　ABS 对于保证汽车在各种行驶条件下的制动效能及制动安全尤为重要，该系统能够充分利用轮胎和路面之间的峰值附着性能，提高汽车抗侧滑性能并缩短制动距离，在充分发挥制动效能的同时，增加汽车制动过程中的可控性。ABS 由传感器、液力调制器总成和微电脑组成。当车轮抱死时，信号由传感器传递至微电脑，经过判断后给液力调制器发出减小制动压力指令，制动蹄放松，车轮滚动；继续制动，压力增加，抱死后又重复上一过程，如此反复，直到车轮完全停止转动。

　　ABS 能缩短刹车距离，并能防止车辆刹车失控，从而减少事故发生的可能性。但如果采用点刹车的办法或刹车不够有力时，车轮就不会被抱死，ABS 就没有机会发挥作用，从而达不到预期的效果。为此，汽车工程师们设计了刹车辅助系统（BAS），即让现有的 ABS 具有一定的智能，能测出驾驶者的紧急刹车并让 ABS 工作。

（二）刹车辅助系统（BAS）

　　BAS 分机械式和电子控制式两种。机械式 BAS 实际上是在普通刹车加力器的基础上稍加修改而成的。在刹车力量不大时，它起到加力器的作用，随着刹车力量的增加，加力器压力室的压力增大，启动 ABS。电子控制式 BAS 的刹车加力器上有一个传感器，可向 ABS 控制器输送有关踏板行程和移动速度的信息，如果 ABS 控制器判断是紧急刹车，它就让加力器内的螺线阀门开启，加大压力室内的气压，以提供足够的助力。

（三）电子制动系统 EBS

　　传统的汽车制动系统管路长，阀类元件多。对于长轴距汽车、多轴汽车或汽车列车而言，气体传输路线长、速度慢，常产生制动滞后现象，导致制动距离增加，安全性降低，而且制动系统的成本也比较高。如果将制动系统的许多阀省去，制动管路由电线代替，用电控元件来控制制动力的大小和各轴制动力的分配，这便是汽车的电子制动系统（EBS）。ABS 的制动系统可以沿用传统的阀类控制元件，而 EBS 则是完全的电控制动系统。在 EBS 的控制器里设计相应的防抱死程序，就可以实现 ABS 的功能了。汽车制动系统的电子化，还便于其与其他电控系统结合在一起，如与汽车发动机燃油和点火的控制、自动或半自动悬架的控制、自动换挡和防碰撞系统的控制等结合在一起，这为汽车实现电子化提供了良好条件。此外，EBS 还具有监控作用，在汽车起步、匀速或加（减）速过程中，电子控制器还可监视各车轮的速度或加速度，一旦发现某一车轮有打滑趋势，便可对打滑车轮实现部分制动，使其他车轮获得更大的驱动力矩，以便顺利起步或加速。同时，EBS 还能够实现系统故障的自动诊断，随时将制动系统的故障通过警报系统报告驾驶员，以便及时进行修复，保证行车安全。

（四）驱动防滑系统（ASR）

驱动防滑系统（ASR）主要用来防止汽车在起步、加速时车轮发生滑转，保证汽车在加速过程中的稳定性，并改善汽车在不良路面上的驱动附着条件。ASR 既可以使无差速锁的汽车在冰雪路面和泥泞道路上起步并改善其通行能力，还可以防止汽车以较高车速通过滑溜路面又转弯时汽车后部的侧滑现象。总之，ASR 由于防止了车轮的滑转，便可最大限度地利用发动机的驱动力矩，保证汽车有足够的纵向力、侧向力和操纵力，使汽车在起动、转向和加速过程中，在滑溜和泥泞路面上、在山区上下坡过程中，都能稳定地行驶。这样既保证了行车安全、减小了车轮磨损和燃油消耗，又改善了汽车的驱动性能。ASR 往往是 ABS 或 EBS 的扩展，与它们共用部件和装置。

三、汽车动态控制（VDC）系统

ABS/ASR 成功地解决了汽车在制动和驱动时的方向稳定性问题，但不能解决汽车转向行驶时的方向稳定性问题。例如，当汽车转向行驶时，不可避免地受到侧向和纵向力的作用，只有当地面能够提供充分的侧向和纵向力时，驾驶员才能控制住车辆。如果地面侧向附着能力比较低，就会损害汽车按预定方向行驶的能力。雨天汽车高速转向行驶时，常常侧向滑出，就是地面侧向附着能力不足的缘故。为解决此问题，技术人员在 ABS/ASR 的基础上发展出汽车动态控制（VDC）系统。这个系统把汽车的制动、驱动、悬架、转向、发动机等各主要总成的控制系统在功能上、结构上有机地综合在一起，使汽车在各种恶劣工况下，如冰雪路面上、对开路面上、弯道路面上以及采取规避动作移线、制动、加速和下坡等工况行驶时，都有良好的方向稳定性，能表现出最佳的行驶性能。VDC 系统的应用，有效解脱了在制动、加速和转向方面对驾驶员的高要求，是汽车主动安全行驶方面的一个新的里程碑。

VDC 系统对转向行驶的控制主要是借助于对各个车轮的制动控制和发动机功率输出控制来实现的。例如，汽车左转弯时，若前轮因转向能力不足而趋于滑出弯道，VDC 系统即可测知侧滑即将发生，采取适当制动左后轮的办法帮助汽车转向，使汽车继续按照理想的路线行驶。若在同一弯道上，因后轮趋于侧向滑出而转向过多，VDC 系统即采取适当制动右前轮的办法，维持车辆的稳定行驶。在极端情况下，VDC 系统还可采取降低发动机功率输出的办法降低行驶车速，减少对地面侧向附着能力的需求，来维持车辆的稳定行驶。采用 VDC 系统后，汽车在对开路面上或弯道路面上的制动距离还可进一步缩短。

VDC 系统主要应用了下述传感器：

（1）车轮转速传感器，用来跟踪每一车轮的运动状态；

（2）方向盘转角传感器，用来确定方向盘的转角；

（3）横摆角速度传感器，用来记录汽车绕垂直轴线转动的所有运动；

（4）侧向加速度传感器，用来检测转向行驶时离心力的大小；

（5）车轮位移传感器，用来测量车轮和车身相对位置的变化。

这些传感器的核心是横摆角速度传感器，这是因为汽车的横摆角速度和方向盘转角的比值是反映汽车转向行驶品质的一个重要参数。位移传感器的信号传给电子控制装置，用来控制半主动悬架，改善汽车的接地性能。其他传感器则把汽车每一瞬时运动状态的信息传给电子控制装置，使电子控制装置将所传信息与理想运动状态的信息进行比较，一旦汽车偏离了理想状态，电子控制装置就会在极短的时间内采取纠正措施，给制动控制系统或发动机控制系统发出相应的指令，维持汽车的理想行驶状态。

四、电子差速锁

差速锁是一种由电子计算机控制的可锁止差速锁，在差速器向车轮的输出端的离合片上加压可以实现锁止功能。这种锁止方式可以使锁止程度从基本锁止到完全锁止逐渐变化。差速锁的控制压力来自储压器的高压油液，压力值的大小由电子控制单元控制电磁阀来调节，并由压力传感器和驱动轮转速传感器反馈给电子控制单元，实行反馈式控制。电子控制的差速锁可以把驱动轮的差速滑动控制在某一范围内。在轿车起步时，调节差速器的锁止程度，可使驱动力得到充分发挥，提高车速及行驶稳定性。另外，差速器锁止程度的控制对于行驶在弯道上的轿车具有提高稳定性的作用。

电子差速锁（EDL）系统，是防抱死制动系统基础上的一种扩展功能。当车辆在单边滑溜路面或坡道上起步加速时，地面附着系数较低一侧的驱动轮也易打滑。此时，EDL 系统自动对该驱动轮施加调节制动来降低其驱动力。由于差速器的差扭作用，另一侧车轮的驱动力迅速提高，防止驱动轮滑转，结果是两侧驱动轮均获得了与路面条件相适应的牵引力，明显改善了车辆在恶劣行驶工况下起步和加速性能。一旦车辆的行驶状况恢复正常后，EDL 系统立即停止作用。

同普通车辆相比，带有 ABS+EDL 的车辆可以更好地利用地面附着力，从而提高车辆的通过性，使驾乘更安全无忧。由此可见，ABS+EDL 的安全性能超群，带有 ABS+EDL 的车辆的安全性更有保障。

ABS/ASR-EDL 系统的控制原理是在轿车转向时，总有方向朝外的离心力作用到车身上，因此车轮上需产生朝内的与离心力相反方向的力，且二者互相平衡时才能转向，这种方向朝内的力称为侧滑力。当踩下加速踏板转向时，若踏板踩下程度较浅时，大部分的车轮附着力都作为侧滑力；当踏板踩下程度较深时，大部分的车轮附着力都作为驱动力，相应地侧滑力减小，在较大的离心力作用下，驱动轮向外侧滑移。对前轮驱动车来说，由于前轮是驱动轮，前轮向外滑移的程度要大于后轮。后轮驱动的轿车在转向时，由于驱动轮在后轮，当驱动力增大时，后轮向外的滑移程度较大，造成车尾外甩，而车身内倾。在继续行驶时，轿车出现自身旋转而失控。从以上说明中可以看出，行车过程中车轮的自旋及滑移对行驶的平顺性及驱动性都会产生极坏的影响，而且路面的摩擦系数值越低，这些影响就越大。在行车过程中，车轮的附着力总是形成驱动力、制动力及侧滑力，但驱动力和制动力具有优先权，即使在车辆转弯要增大侧滑力的情况下，只要驱动力和制动力增大，相应地侧滑力就会减小，容易出现轮胎的侧滑现象。决定轮胎临界附着力的摩擦系数取决于路面状态、轮胎材料及胎面形状等，但转动条件对摩擦系数也有很大影响，相互间的关系依据滑移率进行分析。

$$滑移率 = \frac{驱动轮速度 \times 非驱动轮速度}{驱动轮速度} \times 100\%$$

当滑移率在 10%～20% 的范围内时，制动力和驱动力都出现峰值，滑移率越高，制动力和驱动力就越小。尤其是当滑移率 100% 时，与峰值相比，驱动力要降低 30%。这是因为在转动过程中，滑移率的变化对摩擦系数有很大的影响。当滑移率为 0 时，侧滑力为峰值，此后随着滑移率的增加，侧滑力逐渐减小。当滑移率为 100% 时，侧滑力为 0。因此，从平顺性的角度来看，将滑移率控制在 10%～30% 范围内比较理想。

五、电子制动力分配系统（EBD）

EBD 能够根据汽车制动时所产生的轴荷转移量的不同，自动调节前、后轴的制动力分配比例，从而提高制动效能，并配合 ABS 提高制动稳定性。汽车在制动时，四只轮胎附着的地面条件往往不一样。比如，有时左前轮和右后轮附着在干燥的水泥地面上，而右前轮和左后轮却附着在水中或泥水中，这种情况会导致在汽车制动时四只轮子与地面的摩擦力不一样，制动时容易打滑、倾斜，甚至发生车辆侧翻事故。EBD 用高速计算机在汽车制动的瞬间，分别对四只轮胎附着的不同地面进行感应、计算，得出不同的摩擦力数值，使四只轮胎的制动装置根据不同的情况用不同的方式和力量制动，并在运动中不断高速调整，从而保证车辆平稳、安全地行驶。

六、牵引力控制系统（TCS）

TCS 又称循迹控制系统。汽车在光滑路面制动时，车轮会打滑，甚至导致方向失控。同样，汽车在起步或急加速时，驱动轮也有可能打滑，在冰雪等光滑路面上还会因汽车方向失控而出危险。TCS 就是针对此问题而设计的。TCS 依靠电子传感器探测到从动轮速度低于驱动轮时，会发出一个信号，同时调节点火时间，减小气门开度，减小油门、降挡或制动车轮，从而使车轮不再打滑。TCS 可以提高汽车行驶稳定性，提高加速性，提高爬坡能力。TCS 如果和 ABS 配合使用，将进一步增强汽车的安全性能。TCS 和 ABS 可共用车轴上的轮速传感器，并与行车电脑连接，不断监视各轮转速。当在低速发现打滑时，TCS 会立刻通知 ABS 来降低此车轮的打滑；若在高速发现打滑时，TCS 立即向行车电脑发出指令，指挥发动机降速或变速器降挡，使打滑车轮不再打滑，防止车辆失控甩尾。

七、电子稳定装置（ESP）

ESP 是一种牵引力控制系统，与其他牵引力控制系统相比，ESP 不但控制驱动轮，而且可以控制从动轮。如后轮驱动汽车常出现转向过多的情况，此时后轮失控而甩尾，ESP 便会刹慢外侧的前轮来稳定车子；在转向过少时，为了校正循迹方向，ESP 则会刹慢内侧的后轮，从而校正行驶方向。

（一）ESP 电控系统

ESP 电控系统由传感器、控制单元和执行元件三部分组成。

（二）ESP 传感器

ESP 主要传感器包括方向盘转角传感器 G85、侧向加速度传感器 G200、横摆角速度传感器 G202 和制动压力传感器 G201。

1. 方向盘转角传感器 G85

安装位置：转向柱上，转向开关与方向盘之间，与安全气囊时钟弹簧集为一体。

作用：向带有 EDL/TCS/ESP 的 ABS 控制单元传递方向盘转角信号。

测量范围：±720°，4 圈。

测量精度：1.5°。

分辨速度：1°/s ~ 2000°/s。

失效影响：系统将不能识别车辆的预期行驶方向（驾驶员意愿），导致 ESP 不起作用。

自诊断：更换控制单元或传感器后，需重新标定零点。

电路连接：G85 是 ESP 系统中唯一一个直接由 CAN-BUS（控制器局域网总线）向控制单元传递信号的传感器。打开点火开关后，方向盘被转动 4.5°（相当于 1.5 cm），传感器进行初始化。

拆装注意事项：安装时，要保证 G85 在正中位置，观察可见孔内黄色标记。

2. 侧向加速度传感器 G200

安装位置：转向柱下方偏右侧，与横摆角速度传感器一体。

作用：确定侧向力。

失效影响：没有 G200 信号，无法识别车辆状态，ESP 失效。

测量精度：1.2 V/g。

测量范围：±1.7 g（加速度）。

信号：0 V ~ 2.5 V。

3. 横摆角速度传感器 G202

安装位置：转向柱下方偏右侧，与侧向加速度传感器一体。

作用：G202 感知作用在车辆上的扭矩，识别车辆围绕垂直于地面轴线方向的旋转运动。

失效影响：没有此信号，控制单元不能识别车辆是否发生转向，ESP 功能失效。

4. 制动压力传感器 G201

安装位置：在主缸上，为最大限度保证安全，有些系统采用了两个传感器。

功能：计算制动力，控制预压力。

失效影响：ESP 功能不起作用。

最大测量值：17 MPa。

最大能量消耗：10 mA，5 V。

5. TCS/ESP 开关 E256

安装位置：在仪表板上。

作用：按此开关可关闭 ESP/TCS 功能，并由仪表上的警告灯指示出来，再次按压此开关可重新激活 TCS/ESP 功能。如果驾驶员忘记重新激活 TCS/ESP，可再次启动发动机重新激活系统。

下列情况下，有必要关闭 ESP：

①在积雪路面或松软路面上，让车轮自由转动，前后移动车辆；

②安装了防滑链的车辆；

③在测功机上检测车辆。

ESP 正在介入时，系统将无法被关闭；E256 失效，ESP 将不起作用。

（三）控制单元

（1）控制 ESP、ABS、EDL、TCS、EBD。

（2）连续监控所有电气部件。

（3）支持自诊断。

打开点火开关后，控制单元将做自测试。所有的电气连接都将被连续监控，并周期性检查电磁阀功能。

（四）ESP 的工作过程

1.ESP 与其他安全系统的关系

装备 ESP 的车辆，同时也具有 TCS、EDL、ABS 功能。其中 TCS 通过发动机管理系统干预及制动车轮，防止驱动轮打滑。EDL 两驱动轮在附着系数不同的路面上出现单侧车轮打滑时，制动打滑车轮，保证车辆行驶的稳定。

ABS/TCS 系统就是要防止在车辆加速或制动时出现我们所不期望的纵向滑移；而 ESP 就是要控制横向滑移，是车辆行驶各种工况下的一个主动安全系统，能处理各种异常情况，减轻驾驶员的精神紧张及身体疲劳。

2.ESP 的工作分析

ESP 工作时首先通过方向盘转角传感器及各车轮转速传感器识别驾驶员转弯方向（驾驶员意愿），定义为 a；通过横摆角速度传感器识别车辆绕垂直于地面轴线方向的旋转角度，通过侧向加速度传感器识别车辆实际运动方向，定义为 b。若 a＞b，ESP 判定为出现不足转向，将制动内侧车轮，使车辆进一步向驾驶员转弯方向偏转，从而稳定车辆。若 a＜b，ESP 判定为出现过度转向，ESP 将制动外侧前轮，防止出现甩尾，并减弱过度转向趋势，稳定车辆。

如果单独制动某个车轮不足以稳定车辆，ESP 将通过降低发动机转矩输出的方式或制动其他车轮来满足需求。在不操纵制动踏板时，一般车型制动预压力来源于 ABS 泵。

3.ESP 与 ABS 的比较分析

通过装有 ABS 与装有 ESP 的制动过程比较，在制动初速度均为 50 km/h、路面摩擦系数为 0.15 的情况下，装有 ESP 的车辆其制动距离、制动时间、车辆侧滑等制动性能明显优于只装有 ABS 的车辆。

第三节　悬架和转向系统的安全技术

新的悬架系统是随着计算机技术在车辆三维构型模拟中的应用来满足车辆安全设计方面的转向、操纵性、乘坐舒适性和其他性能的要求而产生的。计算机程序用于求解在多年经验基础上建立的方程式，这些方程式中包括许多要考虑的因素。例如，车辆的长度和宽度、前后轮胎的重量分配、轮胎的尺寸和型号以及悬架配件间的相互影响等。利用计算机辅助设计，有助于实现按照每辆车的设计定做单独的悬架组件。例如，可以根据车型的不同采用不同形式缠绕的螺旋弹簧，包括圆柱形、圆筒形和锥形等多种形式。最终选择的弹簧设计将提供在乘坐、操纵以及乘坐空间的最好平衡。

转向系统是控制汽车行驶方向的关键，为了使驾驶者能轻松地进行方向控制，汽车上都装有助力转向装置，以达到减小驾驶者转向所需的转向力。不仅如此，在有些现代汽车上还装备有速度控制动力转向系统，从而进一步增加了汽车方向的可控性。

一、电子控制悬架

目前电控悬架的控制形式主要有两种，即由液压控制的形式和由气压控制的形式。电控悬架的液压控制形式是较先进的形式，它采用一种有源方式来抑制路面对车身的冲击力及车身倾斜力。电控悬架的气压控制形式又称为自适应悬架，它通过在一定范围内的气压调整来应对路面的变化。不管是主动悬架还是自适应悬架，它们都有电子控制元件（ECU），有 ECU 就必然要有"耳目"做辅助，也就是要有传感器。传感器是电控悬架上重要的零部件，一旦失灵，整个悬架系统就会失常。

一般电控悬架传感器监视的汽车重要参数有：高度、速度、制动力、转向角、惯性力等，因此对应的电控悬架系统传感器就有高度传感器、速度传感器、转向角传感器、惯性力传感器和声呐传感器等。

速度传感器是控制汽车行驶速度元件的，它多装配在变速器输出轴上。速度传感器有一齿轮与变速器输出轴啮合，传感器将齿轮转速变化信号传送至 ECU，ECU 据此做出调节悬架的信号。

转向角传感器监测驾驶员转动方向盘的角度和速度，以便对急转弯进行调整。这种传感器一般装在转向柱上，利用光电二极管读取转向盘的角度和速度。

惯性力传感器用来监测某一确定方向的加速力，即监测垂直方向、侧面方向和前后方向的惯性力。它起到监测汽车运动的作用，例如制动或加速。惯性力传感器将有关信号传递至 ECU，当汽车制动或者突然加速时，电控系统会调整整个悬架以增大缓冲程度，减少冲击力对车身的影响。

声呐传感器是一种比较新的技术，它通过发射与接收声波，监测路面的不平整程度，将信号传递至 ECU，调节悬架以适应这些路面。声呐传感器装在汽车前下方，探测车前端路面，它能使 ECU 在汽车整体被冲击前便预知情况并做出调整，不像一般悬架系统在冲击到来时才做出反应。

电控悬架的控制中心是 ECU，而辅助 ECU 工作的是各种传感器，它们向 ECU 输入各种数据帮助计算机对悬架设置进行调整。

电子技术控制汽车悬架系统主要由（车高、转向角、加速度、路况预测）传感器、ECU、悬架控制的执行器等组成。系统的控制功能通常有以下三个：

（1）车高调整。当汽车在起伏不平的路面行驶时，可以使车身抬高，以便于通过；

在良好路面高速行驶时，可以降低车身，以减少空气阻力，提高操纵稳定性。

（2）阻尼控制。用来提高汽车的操纵稳定性，在急转弯、急加速和紧急制动情况下，可以抑制车身姿态的变化。

（3）弹簧刚度控制。改变弹簧刚度，使悬架满足运动或舒适的要求。

电控悬架工作时，通过阀门的相互作用控制通向空气弹簧元件的气流量。传感器检测出汽车的行驶状态并反馈至 ECU，ECU 综合这些反馈信息计算并输出指令，控制空气弹簧元件的电动机和阀门，从而使电控悬架随行驶及路面状态的变化而变化：在一般行驶中，空气弹簧变软、阻尼变弱，获得舒适的乘坐感；在急转弯或者制动时，则迅速转换成硬的空气弹簧和较强的阻尼，以提高车身的稳定性。同时，该系统的电控减振器还能调整汽车高度，可以随车速的增加而降低车身高度（减小离地间隙），减少风阻以节省能源；在车速比较慢时车身高度又可恢复正常。高度传感器是电控悬架上最常见的传感器，负责监测车底高度的变化。它可以是霍尔效应传感器（一种以磁场为工作媒介，将物体的运动参量转变为数字电压的形式输出的传感器），使 ECU 能精确地测算出行驶高度，补偿道路的变化，防止车底刮到路面的凸出物；也可以采用光电二极管和光敏三极管，将车辆乘坐高度变化的信号传送至 ECU。

（一）气动弹簧

在不同的搭载条件下，如在拖拽一个拖车装置、增加行李或增加驾乘人员的情况下，应用气动弹簧能够自动保持一贯的车辆乘坐高度。气动弹簧原理如下：利用一个高度传感器对乘坐基准高度进行测量，当需要时使车座，空气压缩机通过对气动弹簧进行充气或放气等自动调节方式，来保持车辆的乘坐高度。

（二）双阻尼缓冲装置

这一具有创新意义的系统能够在瞬间完成车辆驾驶由软到硬的变化，从而进一步提高汽车的可控性。采用先进技术的传感器装置对驾驶员的转向、制动和加速进行监测。在快速加速、强烈制动和打弯的过程中，该系统自动将缓冲装置转换到"坚固"设置，以减少在非此状态下经常出现的汽车的升浮、栽头或横向摇振的程度。其结果是使汽车具有了更好的可控性。

装备在电子悬架内的传感器也可以监测车轮垂直运动率。当车轮垂直运动率超过预先设置值时，缓冲装置将自动调节到"坚固"设置，以实现车身在悬架上"上跳"和"下垂"的最小化。

二、电控液力式动力转向系统

自 1950 年以来，动力转向装置就开始在汽车上装备，使汽车停放和低速行驶时的调动更加容易。而现代汽车上应用的速度控制转向装置具有根据汽车的速度自动调节转向力的特性。它由电子装置控制，在低车速情况下，动力辅助转向提供较大的动力辅助，使汽车停放和市区路况下行驶所需的转向力最小。当车速提高时，通过速度传感器的判断，电子控制的动力转向辅助力精确度逐渐减少。随着动力转向辅助力的减少，驾驶员需施加的转向力逐渐增大，增加了在公路速度下驾驶员与道路的"交流"，并减少了高速行驶时意外动作造成汽车行驶方向错误的可能性。

（一）电控液力式动力转向控制机构的分类

汽车上采用的电子控制液力式动力转向系统的控制机构包括流量控制式、反力控制式和阀灵敏度可变控制式等。其中每一个控制方式都具有一般动力转向装置的功能。由于流量控制式电控动力转向有响应性低等缺点，因此这种方式已经不采用了。反力控制式电控转向是利用车速传感器控制反力室油压，改变压力油输入、输出的增益幅度以控制操舵力的。

阀灵敏度可变控制式电子控制转向，是利用车速操纵电磁阀直接改变动力转向控制阀的油压增益（阀灵敏度）来控制油压的新方法。

（二）电控液力式动力转向系统组成及工作原理

1. 基本组成

电子液力式动力转向系统是通过控制电磁阀，使动力转向系统的油压随车速的变化而改变的，从而使汽车在大转角或低速行驶时，转向轻便；在中高速时，能获得具有一定手感的转向力。

（1）电子控制系统。它主要由电磁阀、速度传感器及电控单元等组成。电磁阀主要由线圈、滑阀、固定孔和流通孔等组成。电磁阀的节流面积可通过改变电磁线圈中通电电流的开 / 关占空比进行调节。当线圈通过大电流时，电磁阀中的滑阀被吸引向上，阀的节流面积增大，流回蓄油器的油量也就增加。车速低时，线圈中的电流较大，节流面积扩大，管路中的油液流回蓄油器。随着车速增高，线圈中的电流减小，油液的回流量也随之减少。

（2）转向齿轮箱。转向齿轮箱中有一扭杆，其上端用销子与控制阀轴连接在一起，下端也用销子与驱动齿轮轴连接在一起，小齿轮轴的上端又用销子与旋转阀相连接，驾驶室中的转向盘则通过转向轴与控制阀轴相连。因此，转向盘的转向力就通过扭杆以及控制阀轴传到驱动小齿轮轴。当扭杆有扭转变形产生时，控制阀与旋转阀就会分别产生相对转动，引起各通道口连通状态的变化，实现对动力缸中油液量的控制，完成对动力缸左、右油室油路的切换。当高压作用于油压反力室时，油室中的柱塞就会被紧紧地压向控制阀轴。此时即使扭杆有扭转变形产生，也会因柱塞压力的作用而限制控制阀与旋转阀的相对转动。

（3）分流阀。分流阀的作用是将油泵中输出的油液分流输往旋转阀一侧和电磁阀一侧。当车速或者转向角变化时，旋转阀一侧与电磁阀一侧的油压会随之变化，在这种情况下，分流阀也要保证供给一定量的油液给电磁阀。

2. 工作原理

电子控制器根据轮速传感器传来的信号，判别汽车是处于停止状态还是处于低速行驶或高速行驶工况，再根据判别出的汽车状态，对电磁阀线圈的电流进行线性控制，从而达到控制动力转向的目的。

（1）当汽车低速行驶或大转角时。由于流经电磁线圈的电流较大，经分流阀分流后的油液就通过电磁阀返回到蓄油器。因此，作用在柱塞上的油压较小。这时作用在控制阀轴上的压力（反力）也就小，在转向盘的转向力作用下，扭杆就可能产生较大的扭转变化。控制阀就会随扭转转过一个角度使两阀的通道口相互连通，动力缸的右室（左室）就受到油泵油压的作用，驱动动力缸内的活塞向左（右）移动，产生一个较大的辅助力，从而增大转向力。

（2）当汽车中高速直行时。直行时转向角较小，扭杆产生的扭转变形也很小，旋转阀与控制阀相互连通的通道口开度也减小，使旋转阀一侧的油压上升。由于分流阀的作用，此时电磁阀一侧的油量会增加。同时，伴随着车速的提高，电磁线圈内的电流会减小，电磁阀的节流开度也会缩小，使作用在油压反力室的反力油压增加，柱塞作用到控制阀轴上的压力也随之增大。因此，增加了转向操纵力，使驾驶员的手感增强，从而获得良好的转向路感。

（3）当汽车中高速转向行驶时。从存在油压反力的中高速直行状态开始转向时，扭杆的扭转角会进一步减小，旋转阀与控制阀相连的阀口开度也减小，使旋转阀一侧的油压进一步升高。伴随着旋转阀油压的升高，通过固定阻尼孔的油液也供给到油压反力室。通过分流阀向油压反力室供给的一定量的油液和通过固定阻尼孔的油液相加，进一步加强了柱塞的压紧力，使得此时的转向力相应于转向角呈线性增加，从而获得在高速行驶时的稳定转向操纵感。

一般情况下，电控液力式动力转向系统都是把普通的无助力的转向系统作为后备，一旦助力转向系统出现某种故障，可以应急和靠人力用手转向把车开回。

三、汽车巡航控制系统（CCS）

CCS 是在对发动机有利的转速范围内，减轻驾驶员的驾驶操纵劳动强度，提高行驶舒适性的汽车自动行驶装置。

汽车在高速公路上行驶时，变换车速的频率及范围都较少，能以稳定的车速行驶。但若长途驾驶而使右脚长时间不得离开油门踏板时，驾驶员的脚就容易感到疲劳。而

CCS 的作用是：按驾驶员所要求的速度闭合开关后，不用踩油门踏板就可以自动保持车速，使车辆以固定的速度行驶。采用这种装置，在高速公路上长时间行车，驾驶员就不用长时间去控制油门踏板，减轻了疲劳，同时减少了不必要的车速变化，可以节省燃料。

（一）CCS 的功能

1. 基本功能

（1）车速设定。当按下车速调置开关后，就能存储此时的行驶速度，并能保持这一速度行驶。

（2）消除功能。当踩下制动踏板，上述功能立即消失。但是，上述调置速度继续存储。

（3）恢复功能。当按恢复开关，则能恢复原来存储的车速。

除了以上三种基本功能，如果需要可以增加以下功能。

（1）滑行。继续按下开关进行减速，以离开开关时的速度做巡航行驶。

（2）加速。继续按下开关进行加速，以不操纵开关时的车速进入巡航行驶。

（3）速度微调升高。在巡航速度行驶中，当操纵开关以 ON-OFF（接通—断开）方式变换时，使车速稍稍上升。

2. 故障保险功能

（1）低速自动消除功能。当车速小于 40 km/h 时，存储的车速消失，并不能再恢复此速度。

（2）制动踏板消除的功能。在制动踏板上装有两种开关，一个用于对计算机的信号消除，另一个是直接使执行元件工作停止。

（3）各种消除开关。除了利用制动踏板的消除功能外，还有驻车制动、离合器、调速杆等操作开关的消除功能。

（二）CCS 的优点

综合其功能作用，CCS 主要具有以下的优点：

（1）提高汽车行驶时的舒适性。特别是在郊外或高速公路上行驶，这种优越性更为显著。另外，当汽车以一定的速度行驶时，减少了驾驶员的负担，使其可以轻松地驾驶。

（2）节省燃料，具有一定的经济性和环保性。在同样的行驶条件下，可节省15% 的燃料。这是因为在使用了这一速度稳定器以后，可以使汽车的燃料供给与发动机功率之间处于最佳的配合状态，并减少废气排放。

（3）保持汽车车速稳定。汽车无论是在上坡、下坡、平路上行驶，或是在风速变化的情况下行驶，只要在发动机功率允许的范围内，汽车的行驶速度保持不变。

（三）CCS 基本工作原理

CCS 是较早开发的汽车电子控制系统之一。这种系统使用另外的车速传感器，将车速信号输入发动机控制微机，由微机控制真空系统工作。这种系统也要使用车速控制开关杆和制动踏板上的真空解除开关等，其功能和基本系统相同。在这个系统中，电子控制装置可根据行驶阻力的变化，自动调节发动机油门开度，使行驶车速保持恒定。这样既减少了不必要的车速变化，节省了燃料，同时也减轻了驾驶员的负担。

控制器有两个输入信号，一个是驾驶员按要求设定的指令速度信号，另一个是实际车速的反馈信号。电子控制器检测这两个输入信号之间的误差后，产生一个送至油门执行器的油门控制信号。油门执行器根据所接收的控制信号调节发动机油门开度以修正电子控制器所检测到的误差，从而使车速保持恒定。实际车速由车速传感器测得并转换成与车速成正比的电信号反馈至电子控制器。CCS 的核心部件——控制器，采用一种叫作比例积分控制（简称 PI 控制）的电子控制装置。油门控制信号实际上由两部分叠加而成。线性放大部件 KP 提供一个与误差信号 e 成正比的控制信号，而积分放大器 K1 则设置一条斜率可调整的输出控制线，用来将这一段时间内的车速误差降为零。实际上并不能真正降低到零，而是保持在一定的误差范围内。因为当车速误差为零时，行驶阻力的微小变化都将引起油门开度的变化，容易产生游车。

（四）CCS 的构造

CCS 主要是由指令开关、传感器、电子控制器和执行器四部分组成。各种开关与计算机被配置在车室内，执行元件、真空泵则配置在发动机室内，执行元件的控制线缆与加速踏板相连接。

1. 指令开关

指令开关包括主控开关、离合器开关、变速器空挡启动开关、刹车开关（包括手刹）和电源开关（点火开关）等。

（1）主控开关。主控开关的作用是控制巡航系统的启动、关闭、控制，调节巡航工作状态。操作手柄安装在转向盘的下方，操纵手柄朝下扳动是巡航速度的设定开关（SET/COAST），向上推则是巡航速度取消开关（CANCEL），朝转向盘方向扳起是恢复 / 加速开关（RES/ACC）。

（2）离合器开关（仅对安装手动变速器车辆）。离合器开关的作用是：当汽车在巡航状态下行驶，出现驾驶员干预，如变换变速器挡位、制动等情况时，驾驶员踩踏离合器踏板，离合器开关由断开变为闭合。离合器开关的闭合，使电控单元立即自动关闭巡航工作状态。离合器开关装在驾驶室离合器踏板的上部，靠驾驶员踩踏离合器踏板的机械动作，使其闭合。

（3）变速器空挡启动开关（仅对安装自动变速器车辆）。变速器空挡启动开关的作用与离合器开关类似。空挡启动开关的安装位置紧靠变速器操纵杆，并与变速器操纵杆联动，当变速器操纵杆置于空挡时，空挡启动开关由断开变成闭合。

（4）刹车开关。刹车开关的作用是当驾驶员踩踏制动踏板时，在制动（接通）灯亮的同时，将控制节气门动作摇臂的电磁离合器断开，迅速退出巡航控制的工作状态。在刹车开关中原来常开触点的基础上，增加与之联动的常闭触点，当驾驶员踩踏制动踏板、制动灯亮的同时，常闭触点断开，电磁离合器断电，节气门不再受巡航系统控制。

（5）手刹车制动开关。手刹车制动开关的作用与离合器开关（变速器空挡启动开关）类似。安装位置紧靠手刹操纵杆并与手刹操纵杆联动，当拉手制动时，此开关由断开变为闭合。

（6）点火开关。点火开关的主要作用是通断取自蓄电池和发电机的巡航控制的工作电源。

2. CCS 传感器

传感器主要有车速传感器、节气门传感器和节气门控制摇臂传感器等。

（1）车速传感器

车速传感器通常和车速里程表驱动装置相连。如果车速表是电子式的，车速表传感器给出的信号可直接用作巡航控制系统的反馈信号，因而不必为巡航控制系统另外设置传感器。专用于巡航控制系统的车速传感器一般安装在汽车变速器输出轴上，因为实际车速与变速器输出轴转速成正比。车速传感器有光电式、霍尔感应式、磁阻式等多种结构形式。

带凸齿的钢制圆盘安装在变速器输出轴上并随输出轴一起转动，当凸齿位于磁铁两极之间时，由于钢的导磁性能远高于空气隙，磁回路磁阻突然减小，从而在传感线圈中产生高脉冲电压信号。我们注意到，变速器输出轴每转一周，四个凸齿各通过传感线圈一次。因此，将信号处理电路计数 1 min 内传感线圈中的电压脉冲数除以 4，就可得到变速器输出轴转速（单位是 r/min）。

设计或选择车速传感器时有一点非常重要，即传感器的频率响应应该大大高于整个系统的频率响应，以免传感器对系统的频率响应产生很大影响。

（2）节气门传感器

节气门传感器的作用是对电控单元提供一个与节气门位置成比例变化的电信号。节气门传感器与发动机电控的传感器共用。

（3）节气门控制摇臂传感器

节气门控制摇臂传感器是巡航控制系统专用的传感器，它的作用是对电控单元提供节气门控制摇臂位置的电信号，目前应用较多的是滑线电位计式节气门控制摇臂传感器。当节气门控制摇臂转动时，电位计随之转动，并输出一个与控制摇臂位置成比例变化的、连续变化的电信号。

3. CCS 执行器

执行器的作用是将电控单元输出的电流或电压信号转变为机械运动，进而控制节气门的开度，最终达到控制车速的目的。执行器有气动操纵和电动操纵两种形式。

（1）气动操纵类型

气动操纵执行器大多采用由进气歧管真空度控制的气动活塞式结构。执行器活塞连杆与油门拉杆相连，活塞连杆对油门拉杆无力作用时，弹簧力使油门关闭。当执行器输入信号 Ve 给电磁线圈通电时，压力控制阀芯克服阀弹簧力下移，执行器汽缸与进气歧管连通。由于进气歧管内为真空，于是执行器汽缸压力迅速下降，执行器活塞带动油门拉杆向左运动，从而使油门平顺渐进地打开。活塞上的作用力随汽缸中平均压力的变化而变化，而汽缸中的平均压力则通过快速通断压力控制阀来控制。执行器的输入信号 Ve 是一脉冲电压信号，当 Ve 电位高时，电磁铁通电；当 Ve 电位低时，电磁铁断电。因此，汽缸中的平均压力，即油门开度与压力控制阀控制信号 Ve 的占空比成正比。选择油门执行器时，应使油门执行器的频率响应与车速传感器的频率响应基本一致，以保证整个巡航控制系统的协调运行。

（2）电动机式类型

电动机式的节气门执行器是利用电动机的转动，带动控制摇臂摆动，使节气门的开度发生变化的，主要有电磁离合器、直流电动机或步进电机等。直流电动机是连续运转的，它的运转速度与电控单元供给它的电压平均值有关；它的运转或停止，由电控单元输出的电压"有"或"无"来决定；它的运转方向，由电控单元输出的电压方向决定。步进电机工作时，对其通电一次，电机轴就转过一定的角度。当电磁离合器通电时，电动机的轴与节气门控制摇臂结合在一起；当电磁离合器断电时，电动机轴与节气门控制摇臂分离，使节气门受到电动机或电次离合器的双重控制，工作更可靠。

4. CCS 电子控制器

电子巡航控制系统的另一个重要部件就是电子控制器，也称巡航电脑。控制器是整个控制系统的中枢。在早期的巡航控制系统中，控制器大多采用模拟电子技术。

考虑到安全原因，可在油门执行器汽缸上加接一个与大气连通的气管，该气路中连接一个与制动踏板机械联动的控制阀。这样当踩下制动踏板时，不仅断开了执行器控制信号，同时控制阀也打开，外部空气流入油门执行器汽缸，从而使油门马上关闭。这样车辆制动时就能确保电子巡航控制系统快速而彻底地断开。

随着数字电子技术的不断发展，特别是大规模集成电路及微机技术的推广，数字技术代替模拟技术已成现实。在 20 世纪 80 年代，电子巡航控制系统就已开始应用数字技术控制器。

在这样一个系统中，控制原理与模拟电路完全相同。所不同的是所有输入指令均以数字信号直接存储和处理。带可擦只读存储器的八位微处理控制器（MCU）根据指令车速、实际车速以及其他输入信号，按照给定程序完成所有的数据处理之后，产生输出信号驱动步进电机改变油门开度。每种车型最平顺的加速度和减速度由设计者编程确定。将制动开关与油门执行器直接相连，这样当踩下制动踏板时，可以在断开MCU巡航控制程序的同时，将油门执行器的动力源断开，从而确保油门完全关闭。

与模拟系统相比较，数字电路的突出优点是系统中的信号以数字量表示，不会受工作温度和湿度的影响，因此在特别条件下数字控制具有更高的稳定性。汽车巡航控制器可以采用先进的大规模集成电路技术做成专用集成块，也可在微机上编程实现。特别是当汽车上别的系统已有控制用微机时，只需修改一下程序就可将此功能附加上去，因而可以节省昂贵的控制硬件费用。

第四节　扩大驾驶员视野的技术

好的视野，无论是汽车前／后窗的直接视野，还是后视镜的间接视野，都是安全驾驶的首要因素。因为驾驶员在驾驶过程中需要观察各个方向发生的事情，以避免出现问题。

内部和外部后视镜是获得良好间接视野所必需的。通过对后视镜尺寸和安装位置的仔细调整，能够向驾驶员提供合适的后视视野，即在不产生新的盲区的情况下，使驾驶员能够观察到由汽车本身产生的盲区。可加热后视镜能够在不利的天气条件下帮助镜面保持清洁，前侧窗防雾装置能够让驾驶者清楚地透过侧窗观察后视镜。同时，防眩镜能够帮助驾驶员减少夜间对面驶来车辆造成的炫目的灯光。增加直接视野的措施包括引水槽、风窗玻璃防雾器以及可加热后窗等。

照明系统是驾驶员在夜间行车时获得良好视野的保障，但照明问题往往是夜间行车会车时引起道路交通事故的主要原因。具有远光和近光设计的前大灯能在不同的夜间行车条件下向驾驶员提供清晰的视野。前大灯的灯光输出和模式设计能够在不造成迎面驶来车辆和前导车辆不适的情况下向驾驶员提供前方道路情况的清晰视野。近光灯模式发射的灯光能够在不引起其他车辆驾驶员过度不适的情况使驾驶员看到路况、其他车辆、路侧标志以及行人。远光灯是为开放道路驾驶条件而设计的，它发射的灯光能够照到更远的路面，而且车辆左右的灯光强度更加对称。虽然可以在会车时将远光切换到近光，但骤然的变化会引起驾驶员短暂的视觉失控，无法辨认障碍物，即所谓的"黑洞效应"，这也是引发道路交通事故的重要原因。

一、汽车自动灯光系统

典型的汽车自动灯光系统主要由感光器（传感器）、电子控制器（简称控制器）和选择开关三大部分组成。

其中,感光器装在仪表板顶上,光束透过挡风玻璃进入。感光器内有 Cds1（黄昏用）、Cds2（夜间用）、Cds3（变光用）三个光敏电阻,随着感光强度的不断减少,光敏电阻的电阻值不断增加。控制器装在仪表板内,里面有 L1、L2、L3 三个继电器及晶体管放大电路,控制各灯光电路的工作。选择开关装在仪表板上,处在手动位置时指示灯亮,按下开关至自动控制位置时指示灯熄灭,表示自动灯光系统处于工作状态。选择开关下方有调整按钮,可用来调节灵敏度。

二、光束可控新型前照明系统

统计结果显示,在雨天发生的公路交通死亡事故中,夜间发生的事故是白天的六七倍,特别是交通密度高、道路状况复杂的地区,这个比例高达十倍。因此,对于夜间照明,除了前面介绍的对前照灯远、近光的控制（含尾灯、驻车灯的控制）外,对于夜间照明的光形也要控制,以符合不同行驶环境的要求。据此,人们研制了光束可控新型前照明系统,该系统由车上各种传感器、开关、电子控制装置和灯具系统所用的传动机构以及灯具主体组成,主要控制夜间照明的光形。

光束可控新型前照明系统原理如下。首先,所有的开关信号和传感信号都输入电子控制装置。输入的信号数据通过电子控制装置转换成前照明系统中各灯具的光束控制数据。如果其中有一个灯具的光束需要控制,用来控制该灯具光束的控制数据就被转换,然后通过传动机构和开关控制电路送往该灯具的控制数据启动配光部件,按光束的要求进行调光。传动机构内装有一个电位计,该电位计向光束控制装置反馈传动机构的位移数据。

三、自动雨刮系统

该系统能够在下雨时,由电子控制器驱动雨刮运转。在雨停止时,雨刮自动停止运转。不需要驾驶员操心,舒适方便。自动雨刮系统采用光学加电子技术,应用雨水传感器,加上一套控制系统,传感器发射出的红内线射在车窗上,雨水使红内线的反射量发生变化,触发接通雨刮器的电开关,使雨刮运转。这种雨刮器还可以做到下小雨时慢刮,下大雨时快刮。

四、电动车窗控制系统

在关闭汽车侧面的车窗玻璃时，如果发现有障碍物，例如小孩或成人的手、手指、手臂、头部等，电动车窗升降系统中的"防夹紧装置"能够产生自动保护功能，使正在向上运动的车窗玻璃向反方向做下降运动，从而使车窗保持开启状态，免除了夹紧损伤事故。电动车窗控制系统的关键是可控防夹车窗升降电机，当它的探测装置发现有障碍物时，电子控制系统可以令升降电机反向旋转。

五、汽车后视镜技术

多年来，国内外科研人员和汽车厂商针对传统光学后视镜存在的缺陷，从不同的角度，通过各种途径和方法进行革新与改进，产生了不少新技术。在这些技术中，既有局部的、单方面的变革，也有全方位的、根本性的改造；既有从功能上的创新，也有为满足个性化或美学要求的设计。它们有的已形成产品、投放市场，有的还停留在方案设计或试验阶段。

（一）强化后视功能方面的技术

1. 镜面技术

镜子是光学反射式汽车后视装置中的核心零件，镜面又是它的关键部位，为提高行驶时超车、并线、转弯、倒车或高速行驶时的安全系数，适应不同的环境，减轻驾驶员的疲劳，它应满足以下要求：正确鲜明地反映物像，不变形或变形小；足够的后视视野，后视范围大，最好能消除盲区；在雨、雾、寒冷等特殊天气下能正常工作。

（1）改变形状，增加面积

增加面积是汽车制造商为解决后视盲区的第一选择，但镜子大、镜框也大，会产生车身整体不协调的问题，同时也可能给行驶带来不便。为解决这些矛盾，设计者从镜子形状、面积、安装位置、整车风格、车主爱好等多方面综合考虑。现在有不少汽车，特别是大型汽车上采用形状如手臂的大面积后视镜。这种后视镜又称"兔耳式后视镜"，它们安装的位置也和其他车辆不同，一般都安装在车辆前部。

（2）改变镜面曲率

平面镜、球面镜是传统镜面的两大系列，它们各有所长，但都存在明显的功能缺陷。

平面镜的优点是后视物体无失真，能真实反映车后物体的真实外形及实际距离，在驾驶员判断车后物体大小及实际距离时能为驾驶员提供比较准确的信息。缺点是后视范围较小，视觉盲区过多。

球面镜的特点是后视物体缩小，后视范围、视角扩大，不能真实反映车后物体，驾驶员需经过一段适应对比过程。

对上述两种镜面各取所长，人们用改变镜面曲率的方法开发出一些技术和产品。

双曲率镜面：双曲率镜面是目前比较常见的镜面。它弥补了平面镜后视范围过小、球面镜反映后方物体不真实的不足。它的球面部分曲率半径较大，一般为SR2000左右，基本上解决了失真问题。

变曲率镜面：变曲率镜面是依据车型、驾驶员眼点位置与后视镜相对位置、视野要求三个要素，运用光学原理和数据方法，对车辆的前后左右不同视野角度选择不同的曲率半径，并平滑过渡，这样能够在满足基本不失真的条件下进一步扩大视野、减少盲区，既满足了国家强制性标准，又解决了盲区问题。另外，在镜面的设计上采用分界线的办法来警示驾驶员变曲率面仅供观察车后大致情况，在后视安全性的设计上是一个创新的进步，但制造工艺较为复杂，制造成本昂贵。

全景后视镜：全景后视镜中间2/3的面积用平面镜，靠外1/3的面积用大弧度的凸面镜，这样驾驶员就能看到车后的一个全景，消除转弯时的盲点，视野扩大了200%。为减少盲点，部分国家采用了具有凸面玻璃的外后视镜。这种后视镜看远处的物体有失真现象，但因其有助于消除视野盲区，现在已在世界不少地区使用。

2. 表面处理新技术

（1）镀层技术

后视镜镜面镀层有镀银、镀铝、镀铬、TiO_2涂层（俗称"蓝镜"）四种。镀银、镀铝镜面反射率较高，虽看得清晰，但长期观察镜面易造成眼疲劳，且防腐蚀性能较差，容易被氧化，成本较低。镀铬镜面反射率对眼部的刺激较小，防腐蚀性能较好，目前使用的后视镜大多采用此类镀层方式。TiO_2涂层镜面有防眩目的功能，可以减少眼部的疲劳，在中高档轿车后视镜中应用得比较普遍，但加工工艺比较复杂，色差的稳定性较难控制。

（2）电化学后视镜

这种后视镜含有一种胶黏体，施加电荷，胶黏体就发暗。当光敏传感器感觉到炫目强光时，电荷就被激发，后视镜就不晃眼了。

（3）保护膜与防护液

这是为解决因雨、雾、尘问题导致车辆后视镜不清晰而开发的汽车辅助用品，有的还能防止阳光反射和夜间灯光对眼部的刺激。保护膜与防护液工作的基本机理在于它有或能够形成一个具有亲水作用的表层，使雨水不能形成水滴，光线没有不规则反射；防强光反射则是因为有的保护膜呈蓝色。但这些辅助用品在使用条件上有不少限制，使用寿命（周期）也不长。

（二）方便操作方面的新技术

1. 电动后视镜与记忆储存式电动后视镜

驾驶员在行车前或行车过程中通过后视镜观察车侧和车后情况时，有时需调节镜面以便获得最佳视野。镜面与镜框固定的固定式后视镜，其镜框与支架连接是可调节的，在调节视角时驾驶员需要用手直接调节镜框来完成。这种调节方式费时费力，很难一次性方便地完成视角的调节，同时因为驾驶员需要将手伸出车窗外调节，所以在行车或雨天就很不方便调节。

驾驶员在调节直接调节镜面后视镜时，需要用手来按住镜面直接调节视角，操作过程同固定式后视镜比较类似，驾驶员虽然不必扳动整个后视镜镜框，也不至于破坏整车造型，但依然不方便。

拉索调节镜面的后视镜，需要驾驶员需在车内通过后视镜转动部件上的拉索来调节镜面的视角。在行车或雨天调节均比较安全方便，但自动化程度不高。

电动后视镜是高档车上普遍使用的调节装置，驾驶员在车内通过按钮用电气装置控制转动部件来调节镜面，达到所需视角，这样的操作不仅轻松、快捷、方便、正确，还解决了拉索后视镜在调节右外后视镜时因驾驶员远离按钮而产生的操作不便的问题。

经过不断完善，电动后视镜上可能出现的松动问题、电磁干扰问题已基本解决，并进一步发展为记忆储存式后视镜。此类后视镜的镜面调节设计与驾驶员座椅、转向盘、内视镜构成一个系统，每个驾驶员可根据个人身高与驾驶习惯来调节后视镜的最佳视角，以及座椅、转向盘的最佳舒适位置，然后进行记忆储存。在其他人驾驶车辆后，即使被他人调整已记忆的视角后，车主也可以非常轻松地开启自己的记忆储存，所有内在设施就又恢复到最佳设定状态。目前，很多轿车都配有这种后视镜。

2. 后视镜的加热除霜

当司机在雾天或雨天行驶时，后视镜镜面积雾、积霜或雨水侵袭会造成驾驶员对侧后方的路况观察不清晰的问题，影响行车安全。此时驾驶员需把手伸出车窗外清洁镜面，但这样既不方便，又不能从根本上解决问题，雾气及雨水又马上会使后视镜模糊不清。因此，为了功能上的完备、驾驶的安全性及操作的方便性，在后视镜上增设加热除霜装置是很有必要的。当上述情况发生时，驾驶员可方便地开启加热除霜按钮，解除"后顾之忧"。

（三）提高安全性、耐用性方面的新技术

1. 镜面防飞溅

后视镜作为车身安全件，国家强制性标准明确规定，当后视镜受到强烈冲击时，后视镜镜面不得因破碎而飞溅伤人。为了防止镜面飞溅，设计措施要采用安全玻璃，

且玻璃组件与整个装置尽可能牢固连接。

2. 折叠功能

车辆在行车过程中难免发生一些意外事故，如发生车辆与车辆相擦、车辆与建筑物相擦、车辆与行人相擦等不经意的意外碰撞事件。后视镜作为安装在车辆外宽度最宽的零部件，在相擦的情况下最易受到冲击。为了避免擦伤，也为了缩小停车泊位空间，研究人员想到了将镜框折叠的办法，即通过改变连接方式或增加折叠机构，使后视镜具有折叠功能。后视镜有两种折叠方法，一是将手伸出窗外或人到车外将镜框折拢，这种方法操作不便；二是电动后视镜，驾驶员在车内就可方便地调节，解决了许多操作上的不便。

3. 材料要求

由于后视镜装在汽车外，长期日晒雨淋，气候条件恶劣，而且汽车行驶过程中要经受颠簸冲击，因此在选用后视镜的材料时不仅要兼顾温度、湿度、强度与冲击、弯曲性能等方面的要求，还要求材料耐腐蚀、不易老化、注塑性能好等。

（四）倒车安全新思路

1. 增加光学辅助后视镜

将辅助后视镜安装到标准后视镜之上，并且可相对于标准后视镜进行角度调节，可以扩大后视范围。辅助后视镜的直径约 40 mm ~ 50 mm，因安装在标准后视镜之上，对整车的风阻没有影响。然而它仍有较大的视野盲区，且制造工艺较为复杂，制作成本较高。

2. 汽车列车的侧后视镜

这种可调式后视镜结构在转向或倒车时（特别对于列车）具有最佳的视野。在共用的壳体内安装一副侧镜，包含一个活动的侧镜和一个不动的侧镜，活动的侧镜用电动机经杆件连接，可以相对于不动的侧镜转动，并可形成不同的视线角度。这种侧后视镜的盲区仍旧很大，且使整车宽度增大，不够美观。

3. 倒车安全智能技术

随着电子技术的发展，智能化技术被广泛应用到汽车上。据粗略统计，单用于汽车安全的智能技术就有 20 多种，智能化的后视技术层出不穷，比如用数字技术辅助后视镜系统来加强驾驶员的视觉。这个系统不仅能反映看到的景物，还有若干个传感器捕捉和显示不明显的视觉信息。传感器能改变物体间光线的反差，使那些在黑暗中不容易看见的物体显现出来，还能发现在前照灯照不清楚或阳光强烈地方的危险障碍物。

（1）智能测距技术。采用雷达（激光、超声波）测距原理制成的各种系统或装置被广泛用在汽车上。它能比较准确地测量出波源与障碍物之间的距离，并以数字形式显示于装在驾驶员可视范围的仪表上。同时，它具有警报功能。

（2）红外夜视技术。利用红外线可改善汽车夜间行驶的视野情况，利用具有与远光灯同样照度的两束激光红外线光束照射汽车前方的景物，然后由放置在汽车顶部的一架红外线摄像机拍摄所有驾驶员不能看到的东西（行人、骑自行车的人等）。拍摄的图像传输到驾驶座前方的风窗玻璃与仪表板之间的一个类似电视的荧屏上。这样一来，驾驶员犹如戴上一副红外线望远镜，车前方的景物清晰可辨。

（3）可视监控技术。可视监控技术是在行李箱盖或后保险杠上装设摄像机，并将拍摄到的画面传递到驾驶座前方的电子屏幕上的一种装置，驾驶员只要看眼前的电子屏幕就能知道车后的情况。这一技术已得到广泛应用，有效解决了反向、夜视等问题。

①后视镜系统。该系统用一个内后视镜和两个外后视镜采集汽车周围的景象，三个景象合成一个全景图像在中控台的视屏上显示出来，还用文字说明来传达信息。摄像机也可在倒车时使用，当车后近处有消火栓等障碍物时，可发出提示音提示驾驶员。

②主动式后视镜和后向式摄像机技术。该技术的实质是数字技术和可视监控技术的综合，其嵌上车门的后视镜和后保险杠中的传感器，可通过视频信号提醒驾驶员注意从轿车侧后方"盲点"处驶来的车辆。当险情加剧时，驾驶员还会收到由视频和音频信号共同组成的警报。作为车门后视镜的补充，车两侧后视镜处配置了"向后式摄像机"，它拍摄的画面以视频图像的方式出现在仪表板上的显示监视器中。必要时，驾驶员可借助它观察情况。同时，车上还配置了一种红外光增强器，它利用红外技术延长并拓宽了驾驶员在夜间的视野。

③倒车电子屏系统。与倒车雷达系统相比，倒车电子屏系统具有确切判断距离的优点，这是因为超声波无法感应车后方的水沟、山崖、凸出的钢筋、竹竿等障碍，在倒车安全上存在一定的安全死角。同时，由于汽车上视听系统越来越完善，更为倒车电子屏系统的广泛应用奠定了基础。

第五节 智能时代的汽车技术

一、智能汽车技术

智能汽车技术是随着智能运输系统（ITS）的发展而发展的，有着长远的研制、发展规划。

（一）危险警告系统

危险警告系统能够防止因车辆偏离相应的行驶路线而引起的碰撞或道路交通事

故。该系统能够通过路侧和车载传感器装置快速收集有关车辆邻近区域的车辆位置和移动信息，以及前方影响车辆行驶的障碍物。当系统检测到可能发生危险时，包括车辆偏离行驶车道、两车的距离或行驶速度不合理、车辆行驶前方有障碍物等，该系统将发出警告，以帮助驾驶者正确地驾驶汽车。

（二）驾驶辅助系统

该系统通过在前述的危险警告系统中加入自动控制功能来帮助驾驶者操控汽车。当系统认为检测到的情况危险时，如本车或邻近区域车辆出现问题以及有障碍物等，该系统将应用自动车速和转向控制装置以及刹车装置。

（三）碰撞规避系统

碰撞规避系统利用装备在车辆上的探测装置，如超声波传感器、红外探测器等，对车辆的邻近区域进行探测，当遇到危险时，向驾驶员提供警示或自动采取相应措施。严格地说，它是上述两个系统的进一步发展。

（1）纵向避撞。有助于防止车辆之间、车辆与其他物体或行人之间正面或尾部的碰撞。该系统有助于减少碰撞的数量及减轻受损程度，它包括对潜在或临近碰撞的探测，提醒驾驶员及时采取规避动作并临时性控制车辆。

（2）侧向避撞。有助于防止车辆偏离行驶车道引起的侧面碰撞。该系统为改变车道与驶离道路的车辆提供碰撞警示与控制，有助于减少两辆或多辆汽车间的，以及驶离道路的单辆汽车的侧碰事故。在改变车道时，现场显示器能够连续地监视车辆盲点，驾驶员能够得到有效的临近碰撞警示。同时，根据需要，该系统能够很快地采取自动控制。警示系统还能提醒驾驶员临近的道路交叉口，帮助车辆免于偏离行驶车道，最后在危险状况下提供自动导向及油门控制。

（3）道路交叉口避撞。有助于防止车辆在道路交叉口发生碰撞。该系统在车辆驶近或穿越一处于交通控制（如停车信息或其他交通信息）的道路交叉口时，为驾驶员提供迫近碰撞警报。当交叉口车辆合法通行车道视野不清时，该系统还能为驾驶员提供警示。

（4）视觉强化防止碰撞。改善驾驶员观察道路、道路上物体及道路旁物体的能力。视觉强化有助于驾驶者避免与其他车辆或与道路上物体相碰撞，也能使驾驶员遵守交通标志及交通信号。该系统要求具备车载探测潜在危险的设备，能对危险信息进行处理，并且以对驾驶者有帮助的方式显示信息。

自动避撞系统由输入装置和控制单元组成。输入装置由激光雷达、速度传感器、横向加速度传感器组成，提供车辆行驶情况的信息；控制单元计算跟车距离并确定报警距离；显示单元会显示当前距离并根据报警距离发出警报。在跟车距离小于安全距离或前有转弯等紧急情况时，避撞系统会向驾驶员发出警报，提醒驾驶员注意并采取减速或制动措施。该系统可有效预防碰撞事故的发生，对降低道路交通事故发生率和确保道路行车安全有着非常重要的意义。

（四）预警监测系统

对驾驶员、车辆和道路状况进行监测并提供警示。车载设备将以不易察觉的方式监测驾驶员状态，在驾驶员困乏或其他身体不适情况下提出警示。另外，该系统也可以监测车辆关键部件，在可能发生功能障碍时向驾驶员发出警报。车载设备还能探测不安全的道路状况，如桥面结冰、路面积水，并向驾驶员发出警示。

（五）自动驾驶公路系统

自动驾驶公路系统是智能运输系统的一个长远目标。它包括公路基础设施信息收集系统、路—车通信系统、车—车通信系统、障碍物检测系统、危险警告系统、加速/偏航检测系统、间距检测和控制系统、车辆横向/纵向控制系统、自动回避碰撞系统、微机控制节气门、微机控制转向机构、微机控制刹车系统、人机交互计算机等。应用该系统能够显著提高汽车的安全性能。

二、公路智能运输系统

智能运输系统（ITS）是将先进的信息技术、数据传输技术、电子传感技术、电子控制技术以及计算机处理技术等有效地集成运用于整个地面运输管理体系，而建立的一种在大范围内、全方位发挥作用的，实时、准确、高效的综合运输和管理系统。具体地说，该系统在将采集到的各种道路交通及服务信息经交通管理中心集中处理后，传输给公路运输系统的各个用户（驾驶员、居民、警察局、停车场、运输公司、医院、救护排障部门等），出行者可据此实时选择交通方式和交通路线；交通管理部门可自动进行合理的交通疏导、控制和事故处理；运输部门可随时掌握车辆的运行情况，进行合理调度。从而使路网上的交通流运行处于最佳状态，改善交通拥挤和阻塞，最大限度地提高路网的通行能力，提高整个公路运输系统的机动性、安全性和生产效率。

对于公路交通而言，ITS产生的效果主要包括以下几个方面：

（1）提高公路交通的安全性，降低道路交通事故发生率，缓解交通拥堵。

（2）减少能源消耗，降低汽车运输对环境的影响。

（3）提高公路网络的通行能力。据估计，ITS可使现有高速公路的通行能力增长一倍以上。

（4）提高汽车运输生产率和经济效益，并对社会经济发展的各个方面产生积极的影响。

（5）通过对系统地研究、开发和普及，创造出新的市场。

智能运输系统分为7大领域（即基本系统）和29个用户服务功能（即子系统），其大致构成如下：

（1）出行与运输管理系统。该系统包括城市道路信号控制、高速公路交通监控、道路交通事故处理等公路交通管理的各种功能，以及用来研究和评价交通控制系统运行功能与效果的三维交通模拟系统。系统能够对路网中交通流的实时变化做出及时、准确的反应，帮助交通管理部门对车辆进行有效的实时疏导、控制和事故处理，减少交通阻塞和延误。从而最大限度地发挥路网的通行能力，减少环境污染，节约旅行时间和运输费用，提高运输系统的效率和效益。

（2）出行需求管理系统。该系统可向用户提供有关出行信息，进而使用户管理交通需求。若将该系统和出行与运输管理系统结合起来，驾驶员就可以通过无线通信获得各种交通信息（道路条件、交通状况、服务设施位置以及导游信息等），合理选择出行的方式、时间和路线。驾驶员还可利用车载定位导航仪，在车载计算机上输入出发地和目的地信息，计算机便可根据实时交通信息自动选择出最佳行驶路线，避开交通拥挤和阻塞，并促进高乘载率车辆的使用，从而提高运输效率。这个系统包括三个子系统：出发前的出行信息系统；合乘配载和预约系统；需求管理与运营系统。

（3）公共交通运营系统。该系统可以提高公共交通的可靠性、安全性及其生产效率，使公共交通对潜在的用户更具有吸引力。系统包括交通标志占先权（高乘载率车辆专用车道的设置）、车辆定位和跟踪系统、语音和数据传输系统。该系统将公共交通管理部门同驾驶员连接起来，进行实时调度和行驶路线的调整，帮助运输部门增加客运率，降低运营成本，提高运输效益。该系统有四个子系统：公共运输管理系统；途中换乘信息系统；满足个人需求的非定线公共交通系统；出行安全系统。

（4）商用车辆运营系统。该系统能在运输管理中自动询问和接受各种交通信息，进行合理调度，包括为驾驶员提供一些特殊的公路信息，如桥梁净高、急弯陡坡路段的限速等；对运送危险品等特种车辆的跟踪以及车辆和驾驶员的状况进行安全监视与自动报警。在特种车辆自动报警系统中，还装有探测靠近障碍物的电子装置，可保证在道路可见度很低情况下的行车安全。通过这一系统可使营运车辆的运行管理更加合理，使车辆的安全性和生产效率得到提高，使公路系统的所有用户都能获益于一个更为安全可靠的公路环境。该系统有六个子系统：商用车辆电子通关系统；自动化路侧安全检测系统；商用车辆管理程序系统；车载安全监控系统；商用车辆交通信息系统；危险品应急反应系统。

（5）电子收费系统。该系统通过电子卡或电子标签由计算机实现自动收费，可使所有地面交通收费包括道路通行费、运输费和停车费等实现自动化，实现收费车道上无人管理、不停车、不用票据的自动收费。以减少用现金收费所产生的延误，提高道路的通行能力和运行效率，并可为系统管理提供准确的交通数据。该系统只有电子收费一个子系统。

（6）应急管理系统。该系统用以提高对突发交通事件的报警和反应能力，改善应急反应的资源配置。该系统有两个子系统：紧急告警与人员安全系统；应急车辆管理系统。

（7）乡村运输系统。该系统是把为城市地区开发的交通管理技术和系统功能推广应用到乡村道路网络中，从而提高行车的安全性，促进乡村地区的经济发展。系统包括：为驾驶员和事故受害者提供援助的无线紧急呼救系统；恶劣道路和交通环境的实时警告系统；有关服务设施和旅游路线、景点等信息系统。

三、汽车电子导航系统

汽车电子导航系统是在全球卫星定位系统（GPS）基础上发展起来的新型技术。当今世界汽车的保有量逐年增加，使道路交通堵塞和拥挤问题严重，成为社会环境的一大公害。修建道路，加大流通能力，虽然是解决交通拥堵的重要手段，但仅仅靠扩建公路来解决交通拥堵问题，解决效果是很有限的，必须谋求一种高科技手段的解决办法——汽车电子导航系统。

汽车电子导航系统是一种能接收定位卫星信号，经过微处理器计算出汽车所在精确经度和纬度以及汽车速度和方向，并在显示器上显示出来的一种装置。

（一）GPS 的组成

GPS 主要有三大组成部分，即空间星座部分、地面监控部分和用户设备部分。GPS 的空间星座部分中 24 颗卫星基本均匀分布在 6 个轨道平面内，轨道平面相对赤道平面的倾角为 55°，各轨道平面之间的夹角为 60°，每个轨道平面内的卫星相差 90°，任一轨道平面上的卫星比西边相邻轨道平面上的相应卫星超前 30°。卫星轨道平均高度为 20 200 km，卫星运行周期为 11 小时 58 分钟。每颗卫星每天约有 5 小时在地平线以上，同时位于地平线以上的卫星数目随时间和地点而不同，范围为 4 ~ 11 颗；GPS 的地面监控部分目前主要由分布在全球的 5 个地面站组成，其中包括卫星检测站、主控站和信息注入站。GPS 的空间星座部分和地面监控部分是用户广泛应用该系统进行导航和定位的基础；GPS 的用户设备主要由接收机硬件和处理软件组成。用户通过用户设备接收 GPS 卫星信号，经信号处理而获得用户位置、速度等信息，最终实现利用 GPS 进行导航和定位的目的。

（二）GPS 定位原理

GPS 采用高轨测距体制，以观测站至 GPS 卫星之间的距离作为基本观测量。获得距离观测量，主要采用两种方法：①测量 GPS 卫星发射的测距码信号到达用户接收机的传播时间，即伪距测量；②测量具有载波多普勒频移的 GPS 卫星载波信号与接收机产生的参考载波信号之间的相位差，即载波相位测量。采用伪距观测量定位速度最快，而采用载波相位观测量定位精度最高。通过对 4 颗或 4 颗以上的卫星同时进行伪距或相位的测量即可推算出接收机的三维位置。

（三）GPS 的特点

GPS 的问世标志着电子导航技术发展到了一个更加辉煌的时代。GPS 与其他导航系统相比，主要特点是：①全球地面连续覆盖。由于 GPS 卫星数目较多且分布合理，所以在地球上任何地点均可连续同步地观测到至少 4 颗卫星，从而保障了全球、全天候连续实时导航与定位的需要。②功能多、精度高。GPS 可为各类用户连续地提供高精度的三维位置、三维速度和时间信息。③实时定位速度快。目前 GPS 接收机的一次定位和测速工作在 1s 甚至更短的时间内便可完成，这对高动态用户来讲尤其重要。④抗干扰性能好、保密性强。由于 GPS 采用了伪码扩频技术，因而 GPS 卫星所发送的信号具有良好的抗干扰性和保密性。

第六节　汽车安全防盗技术

车辆防范的主要目的是防止有人未经许可利用车辆自身的发动机驱动车辆，即防止整车被盗，再就是防止他人（包含使用工具）侵入车辆内部（如乘员厢、行李箱等）进行盗窃和破坏，可简单归结为"防止使用发动机、防止入侵"。应用的具体防范手段主要有以下几点：

（1）增加非正常开启车辆的难度，如增加各种机械的、电子的锁定环节，提高钥匙保密性等。

（2）增加车辆电路、油路控制或闭锁环节，限制非正常发动车辆。

（3）对入侵行为进行探测并及时报警，恐吓盗贼，召唤人力救援。

（4）随时确定车辆的位置和安全状况，发生警情时，人力救援能及时介入（联网时）。

尽管车辆的设计和制造已使车辆具备了一定的防盗能力，但车主还期望可以选用不同的防盗产品进一步提高车辆的防范性能。汽车防盗装置由初期的机械控制发展为电子密码、遥控呼救、信息报警。早期的防盗装置主要用于控制门锁、门窗、启动器、制动器、切断供油等连锁机构，以及为防止盗贼拆卸零件而设计的专用套筒扳手。随着科技的发展，汽车防盗装置日趋严密和完善，并不断推出新产品。

一、汽车防盗器的类型及其功能

为应对不断升级的盗车手段，汽车制造厂商研制出不同方式、不同结构的防盗器。不同时期的防盗器具有不同的结构及功能。

（一）防盗器的类别

目前防盗器按其结构可分三大类：机械式、电子式、网络式。

1. 机械式防盗器

这种系统采用机械的方式来达到防盗的目的，主要有以下几种类型。

（1）转向盘锁。将转向盘与制动踏板连接一起，使转向盘不能做大角度转向及制动汽车，或在转向盘上加一根长铁棒，目的也是使转向盘不能正常使用。

（2）安装变速手柄锁。在换挡杆附近安装转速锁，可使变速器不能换挡。通常在停车后，把换挡杆推回空位或 1 挡位置，加上变速器锁，可使汽车不能换挡。

（3）机械式防盗锁。转向盘锁、变速挡锁和钩锁等机械式防盗器，主要是靠锁定离合、制动、油门、转向盘或变速杆来达到防盗的目的，只防盗不报警。其功能是靠坚固的金属结构锁住汽车的操纵部位，但使用起来不隐蔽，占用驾驶室空间，每次开、停车都要用钥匙开启。由于优质的机械防盗锁用材非常坚硬不易被锯断，而汽车的转向盘及挂挡杆则是普通钢材，因此盗贼可以在转向盘上锯开一个缺口，把转向盘扭曲后，便可将转向盘上的锁完好地取下来。

2. 电子式防盗器

电子防盗报警器（也称微电脑汽车防盗器）是目前得到广泛使用的防盗装置，有插片式、按键式和遥控式等电子式防盗器，主要是靠锁定点火或启动来达到防盗的目的。电子防盗报警器共有四种功能：①服务功能，包括遥控车门、遥控启动、寻车和阻吓等。②警惕提示功能，触发报警记录（提示车辆曾被人打开过车门）。③报警提示功能，即当有人动车时发出警报。④防盗功能，即当防盗器处于警戒状态时，切断汽车上的启动电路。该类防盗器安装隐蔽、功能齐全、无线遥控、操作简便，但需要靠良好的安装技术和完善的售后服务来保证。由于这类电子防盗报警器的使用频率普遍被限定在 300 MHz ~ 350 MHz 的业余频段上，而这个频段的电子波干扰源多，因此电波、雷电、工业电焊等都会干扰它而造成误报警。

3. 网络式防盗系统

该类汽车防盗系统分为卫星定位跟踪系统和利用车载台（对讲机）通过中央控制中心定位监控系统。卫星定位汽车防盗系统属于网络式防盗器，它主要靠锁定点火或启动来达到防盗的目的，同时还可以通过卫星定位（或其他网络系统）将报警信息和报警车辆所在位置无声地传送到报警中心。

（二）汽车防盗系统的组成

当以非正常的手段解除报警功能时，如果发生侵入车厢事件或启动发动机，传感器便能检测到这种信息，把信号传到控制电路，控制系统进行判断。当控制系统认为异常时，一方面会发出报警，另一方面会阻止发动机运转。

（三）汽车防盗系统功能

为防止汽车停车锁定后整车被盗，设计了防盗系统。如果其中任一车门、行李厢盖、发动机罩被强行打开，或被卸下的电池桩头又重新装上时，汽车防盗系统会发出警报，并使发动机不能发动。防盗系统的警报信号能触发喇叭断续发响并使前照灯、尾灯及其他车身外部灯闪烁。发动机不能启动是由于启动回路被断路。

二、汽车防盗系统技术

（一）驻车电脑防盗系统

随着汽车电子智能化的进一步发展和完善，一种安全、可靠的防盗装置——驻车电脑防盗系统已在很多车上应用。安装这种防盗系统的车辆，在没有携带原厂带芯片的钥匙的情况下，即使打开车门也开不走汽车，并且不可以被跳线和改装，具有极高的安全性。上海桑塔纳、上海帕萨特、一汽捷达、一汽奥迪等汽车都安装了此种装置。

1. 驻车电脑防盗系统的工作原理

驻车电脑防盗系统由点火钥匙、发射线圈、防盗电脑、发动机电脑等组成。该系统都有一个带 ID（身份标识）密码的点火钥匙，ID 密码由原厂指定且不能更改。发动机启动时要对 ID 密码进行识别，确认正确后才能正常启动，否则发动机即使被启动，3 s 之后也会自动熄火。这种系统采用内置无线发射芯片的点火钥匙，当位于点火开关周围的发射匙线圈接受从点火钥匙发射芯片发出的 ID 密码信号时，防盗电脑判断其 ID 密码是否与存储的密码相匹配，如果匹配，发动机才能启动。

电脑防盗系统工作原理可分为三个步骤：

（1）点火钥匙发射电磁脉冲 ID 密码信号。点火钥匙打开，发射匙线圈产生变化的磁场，点火钥匙内置芯片的电感小线圈感应电场，其感应的电场能被电容储存起来。电容存储的电能给 ID 密码电路供电，电感及电容组成的耦合电路将 ID 密码以电磁脉冲信号发射出去。

（2）点火钥匙与驻车防盗电脑的匹配。点火钥匙 ID 密码的电磁脉冲信号被发射匙线圈天线头感应接收，发射匙线圈产生电脉冲信号并送至驻车防盗电脑的放大电路。

电脉冲经过放大后被送至驻车防盗电脑的 ID 密码比较电路，比较电路将此 ID 密码与 ID 密码存储电路存储的密码进行比较，如果相同则进入下一步骤。

（3）驻车防盗电脑与发动机电脑的匹配。发动机电脑向驻车防盗电脑发出一个联络代码，驻车防盗电脑经过辨认识别（匹配）后发出一个允许发动机正常启动的指令代码给发动机电脑。发动机电脑接收该指令信号，使正常的喷油、点火程序继续执行，发动机继续工作。发动机电脑如果接收不到防盗电脑的指令信号，将会自动切断喷油、点火程序，发动机自动熄火。

2. 驻车防盗系统的解除方法

（1）点火钥匙的匹配

点火钥匙的匹配是指将点火钥匙与驻车防盗电脑进行匹配，使驻车防盗电脑能够识别和确认插在点火开关中的钥匙。使用非原厂所配的钥匙或防盗系统部件损坏都会使发动机防盗系统启动，这时必须使用解码器进行钥匙匹配。进行钥匙匹配时必须了解原厂设定的密码。

①买回带芯片的钥匙，找到四位或五位数密码，刮掉密码条上的一层覆盖物即可见到密码。

②找到诊断座（通常在变速杆座附近），连接带有防盗系统功能的解码器，打开点火开关，选择车型，进入"电子防盗系统"。

③选择"防盗钥匙匹配"，输入所配钥匙的数量，输入密码并确认。

④依照解码器的提示完成操作。每次钥匙匹配成功，防盗警告灯会亮 2 s，然后熄灭 0.5 s，再亮 0.5 s，最后熄灭。

匹配钥匙时，已完成匹配的钥匙不能再次匹配；输入匹配钥匙的数量要与实际匹配钥匙的数量相同，每把钥匙的匹配时间不能超过 30 s；如果两次 ID 密码输入错误，则应先退出防盗系统诊断程序，在点火开关打开的状态下等待 30 min，才能再次进行匹配。

（2）发动机电脑的匹配

发动机电脑更换后必须进行匹配，使驻车防盗电脑和发动机电脑能够互相联系并确认。否则，驻车防盗电脑将不会确认发动机电脑，而且驻车防盗系统也会被启动，这时发动机即使被启动也会自动熄火。此时选择"自适应值清除"，使防盗电脑记住发动机的联络代码，发动机即可正常工作。

（二）其他防盗系统技术

（1）点火控制型防盗器技术

这种防盗器主要采用控制点火装置的模块，对点火系统进行控制，在车主离开汽车并打开防盗系统后，如有人非法进入车内，并试图用非法配制的点火钥匙启动车辆时，点火电路将受控制模块防盗装置的作用，拒绝提供发动机运转所需的点火功能，同时也可防止点火开关的线路短接，并通过音响报警装置向车主或车场保管人员通报。

另外，可以在发动机控制电脑中设置防盗功能，并在点火钥匙中置入一块带有启动密码的缩微电子芯片，在启动时，发动机控制电脑将会对点火钥匙的密码进行认证，认可后方能启动。这种装置一般是在汽车出厂时就已配备，其性能良好，且对电路和控制装置没有电波信号干扰，可有效地防止私配点火钥匙盗车。

还有一种防盗器是用特殊的材料制成盒状，将汽车的点火器安装在内，并设置一个错误点火线路模块和开关电路，在开关钥匙上置入密码芯片，一旦密码交流认证不符，就会进入错误模式，使发动机无法启动。这种盒状防盗器在锁止后，只有使用密码开关钥匙才能打开，且有很强的防撬、防钻、防砸功能。在发动机启动后，就可取下开关钥匙，一旦车辆被抢，劫犯在抢劫车辆后不能熄火，熄火后就无法再次启动。不但具备防盗功能，还具备防抢劫功能。

（2）油路防盗系统技术

其基本原理与点火控制防盗系统相似，在汽车的油路中安装一套装置，控制供油系统，只要该系统进入工作状态，有人想要偷车，发动机供油系统将会拒绝提供所需燃油，启动防盗功能。

（3）报警码汽车防盗技术

报警码汽车防盗技术具有超级密码保障及防解码的功能，使防盗器的密码获得最佳保障。除了密码方面，报警码汽车防盗技术还开发了多项额外功能，如自动进入戒备状态，125dB 的全天候式警号，智能震荡感应自动关闭保护区域及微波监察器等，该系统可以防止误鸣情形出现。报警码汽车防盗技术需要多种配件，包括遥控发动机启动系统、遥控门窗升降系统、电子发动机盖锁及后备电力系统等。

（4）变密码防盗技术

变密码防盗技术红外线遥控器，可通过发射出肉眼看不见的多次变换密码的光信号及接受这种信号的特种传感器来防盗。红外线遥控器中的微型计算机与发动机的电子控制单元相连。当车门锁闭时，能切断全部功能。这种防盗装置之所以能绝对防盗，就在于密码的随时变换，只有与之相应的遥控器才能使用和识别密码。

（5）电子追踪防盗技术

电子追踪防盗技术是示踪标识和追踪雷达系统的结合，能在 14 m 内对行驶的汽车进行监视和识别。每个标识都有一个硅集成电路和发射装置。标识可跟踪车主要求的密码电波，出厂时装在车内。追踪雷达系统则装在道路口的交通标志灯上，接收和识别每一辆驶过车辆的密码电波，警察据此扣留被盗车辆。

（6）全方位遥控防盗技术

全方位遥控防盗技术适用于各种大小汽车，具有全车体、全方位防盗功能，以及自动防盗报警和锁定功能。除车主之外，在任何人想开动或撬、拆、击打汽车，盗窃轮胎或车上货物时，防盗器都会发出不小于1200dB的强力报警声。全方位遥控防盗技术所搭配的遥控器体积小，可随身携带。

（7）电波控制防盗技术

应用电波控制防盗技术的电波控制防盗系统是在汽车上安装一个类似寻呼机的装置来对发动机点火系统进行控制，车主发现车辆被盗或车辆被抢劫，可通知总控制发射台，总控制发射台会发出控制信号，使该车的发动机无法运转。

总之，防盗技术的出现给车主带来了福音，减少了汽车被盗的可能性。尤其是一些电子防盗器带有遥控装置，可以一次开启所有的车门，为车主提供了很大方便。

三、汽车防盗系统的运用

（一）汽车防盗系统的设定与设定后的作用

汽车防盗系统的设定步骤为：

（1）将点火钥匙转至转向盘锁定"LOCK"位置后抽出。

（2）驾乘人员全部下车。

（3）关闭并锁定所有的车门、行李厢盖及发动机罩。

完成以上步骤后，车中的安全指示灯"SECURITY"发亮（不闪烁）。两道前门被锁定后，防盗系统将在设定之前有30 s的检查时间，因为在此过程中，后门、行李厢盖和发动机盖可能还有某一道门开启着。在30 s内，如果想起车内落了什么东西或者还有别的事情未做，可用钥匙或遥控器开启某一道前门，系统的防盗功能将被解除。

安全指示灯开始闪烁时，说明防盗系统已经自动调节，此时人可以走开。如果某一车门、行李厢或发动机罩在系统设定前未关紧，系统的设定将会中断，想要设定就需要重新将它们关紧和锁定。设定系统时，不能有人留在车中，因为系统设定时若有人从车内开门，将会激活系统并发出误警报信号。系统一经设定，行李厢盖开启器回路就会被断开，因此行李厢必须用主匙开启。

发生任何一道车门、行李厢或发动机罩未用主匙开启，电池电桩头拆卸后又重新装上等情况，防盗系统将受激发出声响警报，并断开启动回路，声响警报信号发出1 min后将自动停止，但发动机启动电路仍中断。

（二）汽车防盗系统警报信号的重新激活与截止的方法

警报信号停止后，驾驶员总是将所有车门、行李厢盖和发动机罩重新关闭。防盗系统一旦再设定，也就自动地让警报装置复位。发生以下情况警报信号将再次被激活：任何一道车门、行李厢盖或发动机罩被打开，电池电桩头被拆卸后又重新装回。

将点火钥匙从锁定"LOCK"位置转至附属设备"ACC（自适应巡航控制系统）"位置，则警报信号截止；但启动回路仍处于断路状态。此时即使开启任何一道车门、行李箱盖或发动机罩，警报信号也不再被激活。

（三）汽车防盗系统的中断与解除方法

在防盗系统设定过程中，若用主匙开启行李厢，则防盗系统暂时中断，处于既不能激活，也不能解除的状态。为了重新恢复防盗系统的设定过程，应关闭和锁定所有的车门、行李厢盖和发动机罩。而且应注意，必须拔出主匙后行李厢盖才能闭锁，即关闭行李厢盖时，钥匙不能插在锁孔中。用点火钥匙开启其中一道前门，此为防盗系统全部解除方式，与此同时，启动回路立即受激导通。

（四）汽车防盗系统安全指示灯的使用

在防盗系统的使用中，安全指示灯会给出三种指示：

（1）指示灯闪烁，说明防盗系统已经设定，此时若开启车门、行李厢盖或发动机罩，必须用主匙。

（2）指示灯常亮，说明防盗系统进入预定的自动设定时期，此期间内车门和发动机罩用副匙也能开启。该指示灯在警报信号触发声响时也发亮。

（3）指示灯灭（如汽车在正常行驶中）说明防盗系统不起作用，可按常规操作开启任何一道车门等。

（五）选择车辆防盗报警系统应格外注意的方面

如果车辆已经有了原装的防盗系统，那么首先应当评估其性能，比如某些车辆虽有防盗系统，但是扭开车门锁芯、点火开关锁芯就不再报警了，一旦盗贼使用特制的"钥匙坯子"强行扭开锁芯，便彻底失去防盗功能；某些车辆原装的防盗系统在车门、车盖被打开后只会报警，不能控制发动机。在上述情况下，为这样的车辆增加其他防盗系统以提高防护能力是可选的办法。但还是应该先弄清原装系统和欲增加的系统是否可以互相兼容，是否会互相影响性能，其次还要弄清不同的防盗系统是否能在功能上的相互补充与配合，这样才能加强总体性能。

如果车辆已经安装了早期生产的防盗报警器，应首先评估其性能。比如，无线遥控采用的密码是否容易遭到破译（若是固定编码，则可能被专用仪器扫描或复制后被破译）；在警戒状态检查发动机是否得到有效控制；当车行驶时如果熄火是否会影响安全驾驶（如点火断电后方向盘锁死、制动失效等），应谨慎试验车上的防盗报警器是否可以强制熄火，熄火后有无不良影响；车门、车盖被打开是否能够及时报警；报警的声响是否足以起到威慑作用；是否可以增加报警闪光等。此外，早期生产的防盗报警器如果没有"静音"功能，涉及防盗报警器噪声扰民问题。

如果车辆停放时有令人放心的"人防"（有人监控）条件，则采用的防盗产品可以侧重于探测和报警功能，使盗贼一旦下手即暴露企图，受到"人防"制止和打击；如果车辆停放时没有令人放心的"人防"条件，则采用的防盗产品不仅应当具备良好的探测和报警功能，还必须具备良好的自身防护和抵抗破坏能力，使盗贼无从下手，或者即使盗贼下手也难以轻易得逞。

除了上述主动安全设施外，汽车的主动安全措施还包括提高车辆本身的耐久性、汽车的人机工程学以及提供一个舒适的驾驶环境等。

第四章　汽车被动安全技术

随着科学技术的发展，汽车主动安全技术将在交通安全中起着越来越重要的作用。尽管如此，仍然不可避免地会发生意外情况，此时，汽车被动安全技术将是减轻人员伤害和财物损失的重要保障。通常减轻车内驾乘人员受伤和货物受损的性能称为内部被动安全性；减轻其他人员伤害和其他车辆损害的性能称为外部被动安全性。汽车的被动安全技术主要体现在安全的车身结构、安全带、安全气囊、能量吸收式转向柱、座椅、头枕及内饰件上。

第一节　汽车车身安全结构

安全的车身结构，就是利用车身的前、后部的变形有效地吸收撞击能量，降低事故发生时人体的速度。同时，车室坚固可靠，确保驾乘人员具有足够的生存空间。

一、正面碰撞保护车内驾乘人员的安全对策

正面碰撞在汽车事故中发生频率最高，采用适当的正面碰撞保护措施，可明显减少因道路交通事故造成的人员伤亡。正面碰撞保护的主要措施是利用汽车前部的压溃变形吸收能量，缓解碰撞加速度；加固车身驾驶室结构，保证驾乘人员有足够的生存空间；利用安全带、安全气囊等驾乘人员保护装置，防止驾乘人员因二次碰撞造成伤害。

在发生正面碰撞时，车身前部结构与能量吸收及车室变形关系密切。在非承载式车身中，这部分能量主要由纵梁承受；在承载式车身中，主要由上下布置的车身前部构件（包括下部的边梁及上部的挡泥板加强梁）承受。同时，为了保证驾乘人员有足够的生存空间，应采用坚固的安全驾驶室构造。具体措施有：

（1）汽车前部构件的碰撞能量主要依靠物件的弯曲变形和压溃变形来吸收。对于边梁的设计，用有限元分析方法同时对几种设计方案进行比较、优化，从而确定其

最佳形状、板厚等。另外，在边梁上合理布置突台，可以有效地控制边梁的变形，提高其能量吸收能力。除此之外，在纵梁的某些部位加工出压花也是经常采用的措施。

（2）位于汽车前部的部件，如发动机、变速器、差速器、车桥与车轮等质量较大，是不产生变形的部件，在发生碰撞时，并不吸收能量，从而使车身的压溃变形量变小。为防止这些部件侵入驾驶室，必须采取相应措施使其向下转移。必要时在车轮后面安装防护装置，可以防止车轮侵入驾驶室。

（3）悬挂系统对车身的变形特性也有很大影响，对于不同的悬挂形式，应采取不同的防护措施。

二、碰撞车外人员的安全对策

为了保护行人和骑车人的安全，降低对他们的伤害程度，保护汽车重要部件免遭损坏，节约因撞车造成的维修费用，应将汽车头部设计为"软"外形。

行人的伤害一般包括：保险杠和一次碰撞时产生的下肢伤害，与发动机罩、风窗玻璃等二次碰撞时的伤害，以及与路面三次碰撞产生的伤害。设计车身时，应就这三方面伤害采取相应的措施。

（1）减轻一次碰撞伤害。为实现这一目的，多采用能量吸收式保险杠，它由保险杠外板、能量吸收体和骨架构成。按能量吸收体的不同，这种保险杠又可分为三种形式：

①筒状能量吸收装置。该装置通过油的黏性抵抗碰撞，吸收撞击能量。这种结构能量吸收率高，车身部分变形量小，热敏性能稳定。

②利用泡沫材料作为能量吸收体。与上一个结构相比，这种装置具有结构简单、质量轻、成本低，对上下左右各方向的碰撞均有能量吸收能力等特点。其能量吸收元件一般采用聚氨酯类或聚丙烯类发泡树脂材料。

③蜂窝状能量吸收装置。该装置是由蜂窝状的聚乙烯等树脂制成。其特点是能量吸收效率较高，但开模费用大，变形后修复困难。

以上结构，在发生低速碰撞时，既能够对行人起到保护作用，又能避免汽车重要部件的损坏，减少了因撞车造成的维修费用。

（2）减轻二次碰撞造成的伤害。调查结果显示，在行人所受的伤害中，二次碰撞造成的头部伤害最严重。从碰撞部位来说，风窗玻璃的框架与行人接触最为密切，将其外部设计成软结构，可以缓解对行人的伤害。

（3）减轻三次碰撞造成的伤害。对三次碰撞防护，一般采用安装防止行人摔到路面上的救助网等接收装置。

在行人保护措施中，防止车外凸出物对行人的伤害也很重要。在车身设计时，将门把手等装置设计成内凹式，采用具有缓冲机构的后视镜等，均有利于减轻对行人的伤害。

三、后面碰撞的安全对策

后面碰撞的能量吸收方式与前面碰撞基本相同。一般来讲，后面碰车时驾乘人员所受伤害相对较小。另外，由于燃油箱多数布置在汽车后部，因此在后面碰撞对策中，防止燃油箱的损坏显得非常重要。

四、侧面碰撞的安全对策

侧面碰撞时车身变形空间小，所以侧面碰撞受伤的危险性比正面碰撞高得多。为了加强驾乘人员保护，车门、门槛和立柱都要设计成刚性结构，并且越来越多地采用防侧碰安全气囊，来减轻驾乘人员因二次碰撞造成的伤害。实现侧面碰撞防护的指导思想是：将侧碰力有效地转移到车身具有保护作用的梁、柱、地板、车顶及其他部件上，使撞击力被这些部件分散、吸收，从而尽可能地降低损害。因此，我们可采用以下措施：

（1）增加车门强度。采取的具体办法有：

①增加板厚。但这种方法会使车重增加过多。

②增加防撞横梁。这种方法被广泛采用。

当汽车发生侧面碰撞时，特殊设计的门锚装置使车门防撞横梁与刚性车身结合为一体，提高侧面抗撞能力。

（2）增加侧围物件的强度。包括增大 A 柱、B 柱、C 柱的截面形状及板厚，以及局部加强侧围物件的接触部位，如增强立柱与门槛梁和车顶纵梁连接的部件，保证侧碰力有效地传递到整个车身。

（3）增加门槛梁强度。门槛梁的安装高度较低，在发生侧面碰撞时，并不直接受到撞击，但是加强门槛梁，可以保证将撞击有效地分散给地板等其他物件。增强措施包括增大承载面积，在梁内增设加强板，以及填充发泡树脂等。

（4）在车身 B 立柱高度上安装横梁系统，在仪表板下面以及后风窗下面安装加强横梁。

（5）合理设计前置后驱动汽车地板中间的传动轴通道，对于提高汽车抗弯强度有一定的作用。

（6）合理设计门锁及门铰链，既要防止汽车发生侧面碰撞时车门自动打开，又要保证碰撞后，车门能够容易开启，以利于驾乘人员及时得到车外救护。同时，增强车门铰链有利于将车门所受的撞击力有效地传给立柱。

五、翻车安全对策

在车辆行驶中，司机急打转向盘会导致车辆翻车，在这种情况下，为确保驾乘人员有足够的生存空间，必须加强车身结构。主要措施有：加强车顶纵梁及立柱，这些措施在侧面碰撞防护中同样有效；在车顶设置翻车保护杠。

六、火灾安全对策

汽车火灾主要是因燃料系统泄漏的燃料，遇到不正常的电气系统产生的火花或路面的火星而发生的。因此，防止火灾的措施一般有：消除火源；发生火灾后防止火势扩大；采用阻燃材料。具体措施如下：

（1）对燃油箱的保护。设计时合理布置燃油箱的位置。一般来讲，后桥上方、车轮内侧的位置最安全。为了隔热，燃油箱与发动机排气管应分别布置在汽车两侧。随着计算机技术的发展，目前可以在设计阶段对撞车后的车身变形情况做较精确的预测，为合理布置燃油箱位置提供准确的依据。但是燃油箱的位置往往受到车身总布置的制约，在这种情况下，要采取特殊的保护措施，如增加隔热板、设置防撞构件等来保护油箱。

设计加油口时，要考虑撞车时的泄漏问题。燃油管的布置也很重要，撞车时要尽可能使其不受损伤，并且应有几个变形自由度。采取具有阻燃性的超高分子量聚乙烯塑料制作油箱，可以防止因撞车而发生燃油箱爆炸。

（2）完好的挡风玻璃可以延缓火焰侵入驾驶室的速度，为营救工作赢得宝贵的时间。合理设计发动机罩的结构，在汽车发生碰撞时能控制发动机罩的变形程度，使其在中部发生弯折，根部变形很小，这样可以减小挡风玻璃的破碎面积。

（3）采用阻燃的内饰材料。

第二节　驾乘人员安全保护装置

一、安全带

（一）安全带的作用与原理

汽车座椅安全带是驾乘人员保护约束系统之一，在减轻碰撞事故中驾乘人员伤害程度方面起着重要的作用。

安全带的原理是当碰撞事故发生时，安全带可将驾乘人员"束缚"在座椅上，驾乘人员的头部、胸部不至于向前撞到转向盘、仪表板及挡风玻璃上，使驾乘人员不被抛离座椅，免受车内二次碰撞的伤害。事实证明，在正面碰撞、追尾碰撞及翻车事故中，普通安全带对驾乘人员的保护效果很好，能有效保护驾乘人员的头部和胸部。为了进一步降低碰撞时驾乘人员下沉（即驾乘人员沿座椅下滑）造成腹部伤害，目前很多汽车生产厂采用带有预张紧器或织带夹紧装置的安全带。这种安全带同改进的座椅结构及气囊相结合，可大大提高安全带对驾乘人员的保护性能。无安全带时的死亡事故，在用了安全带后可转化为重伤或轻伤。

对安全带的要求是有足够的强度，腰部固定点的承载能力不应低于 22.7 kN，肩部固定点不应低于 22.9 kN。正常行驶时，安全带应能任意伸长而不妨碍驾驶员的操作和乘客的必要活动。

无安全带时，驾驶员头部的减速度比汽车质心的减速度高出一倍以上，而采用三点式安全带可使头部减速度降低一半。由于安全带与人体有一定间隙，人体产生减速度的时间有些滞后，没有用安全带时，人体要撞到车体上才开始产生减速度，故滞后时间 t' 较长。滞后时间越长，减速度值越大。

（二）安全带的分类

安全带大体可分为二点式安全带、三点式安全带和全背带式安全带。

二点式安全带包括：①肩带。用于限制驾乘人员上躯体向前运动的安全带。②腰带。用于限制驾乘人员下躯体向前运动的安全带，多用于后排座椅和中间座椅。

三点式安全带，包括：①腰肩连续带。这是一种最常用的安全带形式，这种安全带能限制驾乘人员躯体向前移动，避免其上躯体过度前倾。②腰肩连续带以外的安全带。这种安全带的作用与腰肩连续带一样，其区别是腰带部分和肩带部分是分开的。

全背式安全带。全背式安全带的固定点多为四个点，较为安全但实用性方面还存在一定问题，目前多用于赛车。

另外，为了提高安全带的使用方便性，有些轿车上安装不需要驾乘人员操作的自动佩戴式安全带。

（三）安全带的主要构件及其作用

安全带种类繁多，但其主要组成部分多为织带、卷收器、带扣和调节件。

（1）织带

织带是安全带的主体，是一种由化学纤维编织而成的带子，宽度一般在 48 mm 左右，厚约 1.1 mm ～ 1.2 mm。

（2）卷收器

卷收器是用于收卷、储存部分或全部织带，并在增加某些机构后起到特定作用的装置。这种卷收器装置使佩戴者不必随时调节织带长度。卷收器按其作用可分为以下三种：①无锁式卷收器，这是一种在织带全部拉出时保持束紧力的卷收器；②自锁式卷收器，这是一种在任意位置停止拉出织带动作时，其锁止机构能在停止位置附近自动锁止，同时保持束紧力的卷收器；③紧急锁止式卷收器，这是一种应用最广泛的卷收器，在汽车正常使用时允许织带自由伸缩，但当汽车速度急剧变化时，其锁止机构锁止并保持安全带束紧力约束驾乘人员。这种卷收器装有惯性敏感元件、棘轮棘爪机构或中心锁止机构，织带缠绕在卷轴上。当汽车正常行驶时，卷收器借助卷簧的作用，既能使织带随使用者身体的移动而自由伸缩，又不会使织带松弛。但当紧急制动、碰撞或车辆行驶状态急剧变化时，卷收器内的敏感元件将驱动锁止机构锁住卷轴，使织带固定在某一位置上，并承受使用者身体加给制动的载荷。紧急锁止式卷收器按工作原理可分为织带拉出加速度敏感式（又称织带敏感式）、汽车加速度敏感式（又称车体敏感式），以及对上述两者均敏感的复合敏感式。

（3）带扣

带扣是既能把驾乘人员约束在安全带内，又能快速解脱的连接装置。

（4）调节件

调节件是用于调节织带使用长度的部件。

二、安全气囊

（一）概述

安全气囊（以下简称气囊）是汽车被动安全技术中的高技术产品之一，它的防护效果已被人们普遍认识。

气囊的设计思想是在汽车发生碰撞后，驾乘人员与车内构件碰撞前，迅速地在二者之间打开一个充满气体的气垫，使驾乘人员"扑"在气垫上，以缓和冲击并吸收碰撞能量，从而达到减轻驾乘人员伤害程度的目的。

总的说来，气囊对驾乘人员保护的效果不如安全带，但它与安全带配合使用可极大降低事故中驾乘人员所受伤害程度，尤其是可大大减轻对驾驶员面部造成的伤害。调查结果显示，气囊可使事故死亡率下降18%左右，它与安全带配合使用可使事故死亡率下降47%左右，而单独使用安全带可使驾驶员事故死亡率下降42%左右。可见，安全带对驾乘人员保护的效果要好于气囊。因此，也有人把安全气囊称为安全带的补充装置。

（二）安全气囊的分类

根据保护的位置可把气囊分为驾驶员气囊、副驾驶员气囊及其他乘客气囊等。根据保护碰撞的方式又可将其分为正碰撞气囊、侧碰撞气囊及其他气囊等。

目前，驾驶员及副驾驶员的正碰撞气囊已经得到广泛应用，侧面碰撞气囊也越来越得到广泛的采用，各种新型的侧面碰撞气囊保护系统正在研制。可以预见，装备对全车驾乘人员进行各种碰撞保护的气囊系统将是驾乘人员保护系统的发展趋势。

（三）安全气囊的结构及基本原理

安全气囊的结构主要由传感器、气体发生器、气囊系统等三部分组成，它只能在足够大的减速度的碰撞中爆发（充气），而且只能使用一次，不能重复使用。传感器检测汽车发生碰撞时的车速、冲击参数传输给气体发生器，气体发生器根据传感器指令释放高压气体，或引爆固体燃料，瞬时产生高压氮气并迅速向气囊充气，气囊膨胀，达到保护驾乘人员的目的。另外，安全气囊还有一些排气孔，使安全气囊撞到驾乘人员时压力有所减少，以达到缓冲效果。安全气囊能在发生正面撞车事故时避免驾乘人员的头部、颈部和胸部强烈撞击在仪表盘、转向盘或挡风玻璃上。在后面碰撞、翻车或大多数侧面碰撞的情况下，它不会被引发。安全气囊的引发条件等同于一辆车以13 km/h～23 km/h的速度撞在坚硬的墙壁上。

大多数气囊系统都在车辆的前端装备一个或更多的传感器，在座椅附近安装"安全"传感器。前端传感器和安全传感器必须同步对引发安全气囊的碰撞进行检测。这样，就能防止由于轻微碰撞而引发不必要的安全气囊爆发。在传感器的内侧，一个镀金的钢球被磁性物质吸附在一个短管尾端的适合位置。在前面碰撞中，钢球挣脱磁性束缚并沿着管路向两个电触点移动。如果碰撞达到足够的强度，给钢球以足够的能量达到触点，则构成引发回路，气囊爆发。

第五章　汽车安全新技术

第一节　主动安全新技术

主动安全系统是指通过事先防范来避免道路交通事故发生的安全系统。它有望以最彻底的方式减少道路交通事故中的人员伤亡。这一技术是汽车安全性的前沿技术之一。

一、Carcam（行车记录仪）技术

Carcam 技术有助于提高驾驶员的感知能力。多个铅笔大小的摄像机和三个可切换的视频显示屏为驾驶员提供了前、后视线，这样既方便驾驶员停车时的操作，又可在拥挤的交通中提高行驶的安全性。

（一）Carcam 的技术特点

（1）安装在汽车两侧的前向摄像系统，使驾驶员能够绕过大型车辆提前看到隐蔽处的汽车或行人。在典型的行驶情景中，驾驶员在拥挤的车流中左转弯时可以更容易地查看对面的车辆。

（2）侧置后视摄像机提供了更广阔的侧面视野。摄像机的覆盖面比传统的后视镜要广，特别是对于相邻的车道。

（3）安装在车后、扇面形布置的四个微型摄像机可以获得车后的全景视野。图像经电子合成，具有变焦和 160° 广角能力。

（4）"夜眼"（Night Eye）摄像机可在汽车处于倒挡时工作，即使在近乎黑暗的情况下也能提供车后近距离内的细小影像。

（二）车内显示

Carcam 的仪表板上设有三个视频显示屏，一个中心显示屏和两个侧面附加显示屏。

显示的图像可以根据具体情况改变，以便为驾驶员提供最重要的信息。汽车的现实环境给显示屏提出了特殊要求。传统的 LED 显示器过于炫目；有些平板式显示屏在冷天环境下的响应速度又不能满足要求，同时对视角也过于敏感。为了解决这些问题，研究人员研发了一种全新的显示屏。这种无眩光的薄型显示屏具有响应速度快、无虚边、可从各个角度观看、允许的温度变化范围极宽等优点。

（三）前向摄像机系统

大多数人认为一般行驶中的"盲点"是位于旁边车道紧靠驾驶员左肩后面的一块区域。不过，如果驾驶员紧随一辆大型载货汽车或厢式汽车后面行驶，驾驶员照顾不到的盲区要大得多。这种视线受到封堵的情况会存在严重的安全隐患。例如，驾驶员可能看不见从路边走下来的行人或从两侧挤进来的车辆。

Carcam 摄像机系统使用了两个铅笔大小的前向摄像机，装在汽车的两侧，提供绕过障碍物的视野，覆盖角可达 22°。

仪表板上的两个附加显示屏一般显示侧面的后向视野，但如果驾驶员想绕过障碍物了解前面的情况，可以切换按键，将显示切到两个前向摄像机摄取的画面，这样驾驶员就能绕着弯地看到前面的东西了。

（四）侧面视野

Carcam 摄像机系统的第二个部分由两台后向摄像机组成，这两台摄像机不间断地提供相邻车道的后向视野，其覆盖范围比传统的后视镜宽广得多。这样，驾驶员在换道前就能监测车后的情况。这种后向视野事实上没有盲点。

后向摄像机与前向摄像机一样，大小如同一根铅笔，装在汽车侧面和侧视镜差不多，图像在仪表板中央显示屏两侧的附加显示屏上显示。其镜头可以提供一个较广阔的视野，同时并不过分扭曲距离感。每侧摄像机的覆盖角为 49°。

（五）车后全景视图

Carcam 的后向视野是通过精确设计安装在车后的四个微型摄像机实现的。四个摄像机呈扇形展开，以四个分开的图像来捕获车后一个很宽的区域内的路面情况。这些图像被送入一个复杂的计算机程序中进行比较和叠加，然后合成一个无缝的全景视图。Carcam 后向视野的总覆盖角可达 160°，比一般的后视镜要宽得多。

在特别长的汽车上，由于与后窗玻璃的距离太远，传统的后视镜可能生成一种"隧道幻象"。同样，现代汽车后部采用的暗色隐私玻璃，使后视镜的映像受到影响。全景式摄像机成功地解决了这些问题，但它却损害了隐私玻璃固有的利于降温和保密的优点。

（六）Night Eye（夜眼）摄像机

当 Carcam 的驾驶员接通倒车视野时，中央显示屏切换到 Night Eye 低照度摄像机画面。这一摄像机可以在白天或极暗的照度下提供紧靠车后区域的细部图像，以便对汽车进行安全操作。这种 Night Eye 视频图像比驾驶员通过后窗遥望所见的景物要细致得多，便于驾驶员估计邻近物体与汽车后保险杠的距离。与感测距离的倒车辅助系统不一样，这种摄像机可以显示障碍物。

所有这些技术以及一些别的技术能够结合起来为驾驶员提供一个汽车及其周围景物的鸟瞰图。此外，研究人员还在探索将前照灯及其他亮光源所带来的炫目问题彻底消除的新技术。因此，高技术的视频摄像机有可能成为全面碰撞避让系统的基础。

二、Sensor Car（传感车）技术

行人被撞事故在道路交通事故中占很大比例。例如，在印度，行人死亡占交通死亡人数的 40% 以上，另外的 40% 为其他非汽车（如自行车或轻骑）驾乘者的死亡。在日本，行人死亡占道路交通事故死亡人数的 28%，自行车与摩托车驾乘者的死亡占其余的 31%。事故分析表明，发生人车相撞事故的主要原因是驾驶员没有看到行驶方向上的行人，或看见时制动已晚。

Sensor Car 的设计思想是向驾驶员提供预警，从而避免碰撞的发生。Sensor Car 采用主动传感器监测汽车前方的行人交通，当测出有人进入汽车的行驶路线时，便发出警示，提醒驾驶员采取必要的措施。

（一）Sensor Car 预防碰撞技术组成

（1）装在格栅上的激光雷达装置监测车前行人的行动，如测到有人走入汽车的行驶中线便点亮仪表板上的警示灯，使前扬声器发声，甚至鸣响喇叭。

（2）安装在后保险杠中监测后面车流情况的传感器由计算机程序控制，确定有无撞车的可能。

（3）在马上要发生后端碰撞时，后端警示系统启动安全带电动预紧器，自动拉紧安全带，最大限度地减少碰撞对系安全带驾乘人员的伤害。该系统还会点亮仪表板上的一个警示图标，同时通过后扬声器发出警报讯响。

该系统可以探测到距车 45 m 远穿黑色衣服的行人，穿白色衣服的行人反射率高一些，探测距离可达 60 m。它还可以区分人和无生命静止物体，如树木或电线杆。

（二）预防追撞

在 Sensor Car 的后保险杠上，相隔 60 mm 装有两个传感器，对周围车流进行不

间断的监测。与行人传感器一样，这个传感器也将其数据传送到一台专用计算机进行分析。计算机通过比较与其他汽车的距离、接近角度和速度来确定有无与之相撞的可能。

如果系统确认有可能发生重大追撞事故，便可通过后扬声器发出警报讯响，同时点亮警示图标，提请驾驶员注意危险。

如果接近汽车的速度大到需要进行紧急制动的地步，Sensor Car 便判定碰撞马上就要发生，此时电动卷收器会立刻拉紧前座腰肩式安全带，使驾驶员和前排乘客贴紧座椅靠背和头枕，减少受到追撞时向后移动的距离。事故研究表明，当驾乘人员头部离头枕的距离在 10 mm 以内时，颈部受伤的可能性会大大减小。由于预紧器是电动的，因此可以自动复位供再次使用。

此外，Sensor Car 还装备了头枕自动调整系统，利用驾乘人员的体重将头枕调升到最佳位置。行人报警器通过汽车的后扬声器单独发出一种警示讯响，为驾驶员显示危险方向。不管汽车是静止还是行驶，只要发动机运转，该系统都能起作用。交通拥挤时，汽车往往是头尾相接，因此消除虚假警报非常重要。例如，汽车从旁边车道赶上来不会发生追尾。尽管系统对这种情况密切监测，但不会启动安全响应，除非认为肯定要发生事故。如果后面赶上来的车辆采取尾随的方法，准备一有机会就突然加速挤进来，这种情况下就有可能发生事故，此时 Sensor Car 安全系统会启动追撞报警并接通肩带拉紧电机。

第二节　被动安全新技术

一、汽车被动安全技术展望

汽车的安全、环境保护与节能是当今汽车发展的三大问题。为了解决不断困扰汽车界和人类社会的汽车安全问题，各国控制汽车产品的技术法规不断追加和完善，由此使各种汽车安全新技术呈现日新月异的态势。技术的高度进步使汽车性能不断提高，最终给人类带来福音。随着人类物质文明和精神文明的提高，人们对生活质量和生命的关注也迫使现代汽车尤其是轿车具备挑战更高被动安全性的能力。

然而，知识的积累以及人们认识和改造世界的进程不是一蹴而就的。从技术的角度看，如何充分应用过去积累的安全技术，深入发掘汽车事故安全的本质，找到包括防止事故在内的有效手段，仍然是颇具挑战性的工作。随着人们对汽车被动安全技术认识的不断深入，汽车被动安全法规正呈现出以下发展趋势：

（1）法规的更新速度加快；

（2）对现实安全问题的重视越来越完善和全面；

（3）车内外的全面保护；

（4）被动保护装置的智能化。

二、汽车被动安全新技术的分类

（一）未来安全气囊

1. 可充气式幕状系统

这是一项全新的安全设计，其基本原理是为保护车内驾乘人员的头部。当碰撞发生时，气囊会进行充气，充气后的形状呈幕状。

2. 管状充气结构头部空气囊

目前侧边防护系统仍停留于保护人的胸部、腹部、臀部，对于头部的保护不足，它配合车身刚体结构、车门防撞梁、侧边空气囊，可构成较完整的侧边安全防护网，加强对头部的防护，这也是未来的安全防护趋势。

3. 头部支撑系统

头部支撑系统通称为头枕，车辆中座椅所配备的头枕，不仅为了舒适，更为了保护驾乘人员安全。车辆如果遇到紧急状况刹车时，车身会有强烈的前后摆动，由于惯性原理驾乘人员身躯必然跟着摆动，尤其是颈部。如果没有头部支撑缓冲的头枕，颈部受伤所引起的伤害是非常惊人的。

（二）外部安全气囊

Secure Car 技术新增了许多在停车状态下的安全防护功能。例如，它可以防止因疏忽大意将儿童或宠物锁在车内，并为锁在行李箱中的成人或儿童提供了逃离的安全设施，还能检测出车内是否埋伏非法侵入者。

三、自适应约束技术系统（ARTS）

ARTS 利用一系列传感器来监测驾驶员座椅位置、安全带使用情况、前排驾乘人员乘坐质量和位置以及发生碰撞时的碰撞烈度和碰撞力的方向等信息，再根据具体的碰撞特点对每个前排驾乘人员气囊的展开进行调节。该系统能进一步减少由于气囊展开不当对驾乘人员造成的伤害，特别是对于身材较小的前排驾乘人员保护力度更大。

（一）目前构成驾乘人员位置感应系统的几种技术方案

1. 激光式

将激光束照射到待测物体上，再利用测光仪器来确定驾乘人员的位置，其缺点是成本太高。随着激光技术的发展，其前景不错。需注意的是，应防止激光射入驾乘人员眼中造成伤害。

2. 雷达式

这个系统与激光式有类似的特性，需注意的是它的使用频率对于驾乘人员尤其是儿童的健康是否有危害。

3. 超声波式

由于声波传播速度的局限，超声波的响应时间在 4 ms 左右，它给出的信息量不如雷达和激光，但它的价格便宜且鲁棒性较强。

碰撞预测系统是汽车的理想装备，它采用雷达、红外线、可见光等多种传感器。

（二）构成驾乘人员位置感应系统的主要技术

座椅滑轨内的电子传感器负责测量驾驶员座椅的前后位置；驾驶员和前排乘客安全带带扣中的传感器负责监测驾乘人员是否佩系安全带；位于汽车前横梁和汽车侧面的碰撞传感器测量碰撞的烈度。前排乘客座椅还设有一个质量传感器，监测座位上是否有人。各传感器将信息传给系统的中央处理器，中央处理器控制安全带预紧的动作和双级前气囊的展开。中央处理器可以在 10 ms 之内做出反应。

根据碰撞烈度和驾乘人员数据，前气囊可以按高或低能量展开。当乘客座椅上没有坐人时，乘客气囊将不展开，以节省修理费用。驾驶员气囊采用星形折叠方式折收，以便径向展开，进一步减小距离转向盘较近的驾驶员的伤害。超声波传感器用于探测前排驾乘人员准确的乘坐位置。如果前排驾乘人员未处于正常的乘坐位置，将禁止相应气囊的展开，从而减少气囊造成的伤害。

（三）驾乘人员位置传感系统的作用

当驾乘人员离方向盘太近时，屏蔽气袋并发出报警。当驾乘人员离方向盘较近，但仍在气袋膨胀区以外，提前触发气袋；驾乘人员离方向盘较远，应延缓触发。

如果使用多级触发气袋，可选择气袋的点火级数。同时，可将驾乘人员信号与碰撞强度信号综合构成智能安全约束系统（ISRS），使安全带、正面气袋、侧面气袋等其余被动安全设施协调作用，达到最佳保护效果。驾乘人员的信号也可用于调节车内温度、音响等，提高驾乘人员的舒适度。

（四）儿童安全

汽车后搁板、顶棚或地板上设有固定点，用来固定上系带或拉带来限制儿童座椅的移动。

一种先进的装接系统可以和标准的儿童座椅配合使用，使椅架能够快速可靠地挂接到汽车结构中的一个金属杆上。这套系统可以提供一个极其可靠和方便的刚性固定点。

在后向儿童安全座椅系统中，座椅的挂接和拆卸都十分方便。安全座椅架成为汽车结构的一部分，以确保儿童座椅装接不会出错。

对于已经长大到无法使用幼儿座椅但尚不能舒服地使用成人腰肩式安全带的儿童，可采用垫高座椅的方式，这样安全带的佩戴更为合适。

（五）防侧翻安全系统

防侧翻安全系统利用先进的侧面气囊和传感器，以防止驾乘人员在翻倾事故中被甩出。这些侧面气囊将从顶棚展开，覆盖侧窗玻璃的大部分。当监测汽车侧倾率和加速度的传感器确认马上就要侧翻时，便会触发此气囊。新的气囊技术使气囊可保持充气 6 s，以便在较长时间的翻倾中提供连续的保护，气囊可为前两排座椅的驾乘人员提供覆盖保护。

（六）Advance Trac 系统（电子稳定增强系统）

Advance Trac 系统可在恶劣的行驶条件下，或在驾驶员对道路情况判断错误的情况下提高汽车稳定性。该系统对驾驶员的操作（如转向、油门和制动）及相应的汽车响应（横摇、横向加速度车轮转速）进行监测，当探测到有失控的情况时，就会按需要对一个或多个车轮施加制动来恢复控制。

四、汽车吸能方向管柱

汽车吸能方向管柱的作用是通过在汽车发生碰撞时重新分配传到方向盘上的冲击力，将冲击力路径迅速分流，使得传递到方向盘上的载荷最小。转向管柱由空心管和转向轴构成。传统转向管柱的空心管和转向轴是整体式的，转向轴上端和方向盘连接，下端与方向器连接。而吸能方向管柱的特点是将整体式转向管柱一分为二，分为上转向管柱和下转向管柱两部分；里面的转向轴也分为两截，它们之间用万向节机构连接。一旦发生碰撞令方向机构产生位移，万向节下端特制的转向轴会折叠，上转向管柱移入下转向管柱内，实现"缩进"，从而扩大空间，降低伤害。

吸能转向管柱的吸能形式有多种，可以通过钢球和内套套筒、变形支架、变形条等几种形式以实现"缩进"。钢球和内套套筒连接形式中，上转向管柱和下转向管柱的一组钢球嵌在一个塑料内套套筒内，内套套筒是钢球的保持架，它与上、下转向管柱不直接接触，而是靠钢球相连。在这个总成中，一旦塑料内套套筒受到大负载冲击崩溃，改变钢球的位置就会使转向管柱向下位移。

吸能转向管柱的变形支架是通过金属的变形来吸收碰撞能量的。变形支架与下转向管柱相连，里面的塑性材料受到大负载冲击被剪切断开，会使下转向管柱和转向轴从支架中脱出并沿轴向移动，令上转向管柱和转向轴下移。

变形条与变形支架相似，它也是靠金属的变形吸收碰撞能量的。与变形支架不同，它占用的空间较小。变形条一端与车身相连，另一端固定在转向管柱上。碰撞时冲击力达到一定值的时候，转向管柱产生位移，变形条发生变形，从而达到吸能效果。上面提及的特制的转向轴，就是在转向轴一段做成可折叠式的钢丝网，一旦外力超出规定的负载，可以"打褶"连接，也就是说让转向轴移动，从而腾出空间。

五、Secure Car（安全汽车）技术

Secure Car 技术使用了一个微型电子加速度计、一个小型微处理器以及一套复杂的软件来探测车内任一角落有无心跳的微弱振动。车上还包括两个附加系统，可以为锁在行李厢中的人提供帮助。应用 Secure Car 技术可以测出车内极微振动的人的心跳。如停车后有人仍留在车内，便会发出警报讯响。Secure Car 技术系统设有一个 CO_2 传感器，可以测出行李厢中人的呼吸，随后打开行李厢盖或是鸣响警报。这一系统将防止人被锁在行李厢中，即使是失去知觉的人。如果大人或儿童被锁在行李厢中，只要触按行李厢中一个带有照明的触敏垫便可打开行李厢盖（该触垫能够识别有生命体和无生命体之间的差别）。

Secure Car 的心跳传感器技术用两个超灵敏的微型加速度计测量汽车结构中的微小振动，然后与已知的人心跳的声音模式进行比较。它能够将其他常见的振动，比如载货汽车行驶引起的振动，道路施工的气锤或阵风引起的振动等排除掉。它的灵敏度极高，不管车内什么地方有人均能测出，甚至只是触到车身外壳的人也能测出来。由于它不是通过视线检测的，所以不会漏测。

如果测出车内有人，经一短暂的延时，系统将鸣响警报。系统由钥匙坠上的锁止键启动。该系统还提供了一个具有新意的防护功能。当车主在超市买完东西返回汽车停放处时，可在安全的距离内通过钥匙坠对汽车进行探查。经过数秒钟的振动扫描，系统可以告知车内是否有人隐伏。如发现有危险，车主不用进车就可以立刻求助。

六、Rescue Car（救援车）技术

经统计，发生事故后，一般要经过 5 min 有关部门才能收到事故报告。研究表明，在碰撞发生后的 1 min 之内，由碰撞自动通知系统向有关部门发出报告，每年就可以挽救多达3000人的生命。Rescue Car技术可以在碰撞事故发生后立刻向有关部门报告，并在救援人员赶赴现场的途中转发伤员身体方面的重要信息。

应用 Rescue Car 技术的被动安全系统在发生严重碰撞事故后可自动向事故救援调度中心发出呼叫，报告汽车基于全球卫星定位数据的准确位置。

救援人员在抵达事故现场之前便获得了有关汽车驾乘人员数量、乘坐位置、安全带使用情况和气囊展开情况的信息，从而可进行相应的准备。汽车姿态（是倾覆还是侧翻）数据也会报送给救援人员，为救援工作做好准备。

有关碰撞力的数据以及车内现场的照片可以使医务救护人员对可能面临的伤情类型做好准备。医院方面由于获得有关事故情况的报告，掌握了伤员人数，可以提前准备好适当的急救室，也为救治争取时间，从而挽救了生命。

（一）数据记录

Rescue Car 的事故分析和通信装置如能达到与安全气囊相同的普及率，就可大幅度改进对事故伤员救护的速度和质量，每年挽救数以万计的生命。同时，它所自动提供的碰撞数据还能帮助设计人员设计出在现实条件下更加安全的汽车。

当 Rescue Car 测知发生碰撞时，一系列的数据记录器便开始收集有关碰撞位置和程度的重要信息，然后将关键信息通过移动电话网发送到紧急救援中心。

Rescue Car 包含一个可测量碰撞能量和方向的传感器，比如是正面、后面还是侧面碰撞，这些在确定伤害情况方面都是重要的因素。它可以记录力的方向，以获得对事故的准确描述。

乘客的伤情和碰撞力的大小与方向密切相关。即使是修复撞损车的专家，也很难仅凭汽车结构上的损伤判定碰撞的方向。但这一传感器系统可以及时向救援中心提供这一关键性的信息。

Rescue Car 装备了一个微型摄像机，负责拍下车内的事故现场，以便发送给救援中心。这张照片可以填补信息空缺，向救援人员提供有关车内驾乘人员数量、安全带使用情况及其在车内的准确位置等精确数据。在救援人员为了解救伤者不得不切割汽车时，能知道伤员的准确位置，这一系统对于紧急救援具有极其重要的意义。

包括全球卫星定位接收器在内的一组传感器可帮助、引导救援人员赶到事故现场。Rescue Car 可以广播汽车的准确位置、行驶方向，甚至出事后的姿态等，使救援人员在抵达现场前便可以进行相应的准备。

（二）呼唤求援

Rescue Car 可将有关碰撞的全部数据自动发送给事故救援中心和当地的外伤医疗中心，并在救援者和伤员之间建立语言联系，从而能够使救援人员快速反应并有时间在抵达现场前做好准备。这有助于医院的救护人员针对特定事故的典型伤情更快速地做出诊断，及时处理事故。

自动呼救功能要优于现有的远程通信系统，可以保证伤员不必等到有人发现事故后才能获救，这在农村地区或夜间尤其有用，因为有近半数的道路交通事故死亡是在这种情况下发生的。现有的系统在气囊展开时才会激活，Rescue Car 系统可在严重的事故中激活。Rescue Car 系统可以通过车主的普通移动电话发送碰撞数据。Rescue Car 系统还可以根据个人喜好进行自动化设置，车主可以禁用他所不喜欢的功能。例如，如果对隐私问题有所顾虑，可以将车内摄像机关掉。

Rescue Car 系统的事故详情报告系统的优点之一是不仅有助于对事故伤员的医疗救护，还有助于改进汽车设计，以提高驾乘人员在发生意外时的生还概率。

尽管目前碰撞试验的内容已十分广泛，但仍难以涵盖现实碰撞中碰到的所有因素。Rescue Car 可以向安全研究人员提供有关特殊角度碰撞效应，以及包括多车碰撞的无穷多碰撞速度、乘客位置和安全带使用情况等重要信息。由于 Rescue Car 是从各种形式的严重碰撞中自动收集信息，因而能帮助研究人员迅速建立一个碰撞信息的大型数据库。

七、行人保护

国内道路大多是行人、自行车、摩托车和汽车混行，行人、自行车、摩托车造成的道路交通事故比例很高。因此，应该优先考虑行人的交通安全问题，降低道路交通事故发生时对行人的伤害。

目前，我国汽车行业对汽车安全技术非常重视，但主要着眼点是车内驾驶员和乘客的安全。车辆的主动安全、被动安全技术已相当普及，如安全气囊、ABS、EPS、座椅安全带系统、转向盘系统等安全技术已被广泛应用于乘用车，但对汽车与行人发生碰撞时对行人的保护技术的研究，却没有引起足够重视。

近年来，汽车安全设备的装车率很高，但都主要集中在驾乘人员保护的主、被动安全方面，没有涉及对行人、骑自行车者的保护。这可能是近几年来安全标准、法规出台多，但道路交通事故死亡人数却居高不下的重要原因。

（一）发动机罩机械系统

发动机罩机械系统能够在汽车发生碰撞时迅速鼓起，使人体不是硬碰硬，而是碰撞在柔性与圆滑的物体上，减少了被撞人受伤的可能。研究表明，如果发动机、电池和其他部件有宽裕的空间，发动机舱盖在碰撞过程中能开启，这时对行人造成的伤害就会明显减少；当发动机罩的前端可以向后移动，那么撞击造成的损伤可以极大地降低；当保险杠硬度降低 1/3，还能明显减缓对行人膝部造成的损伤。

发动机罩的机械系统能把撞向行人的动能转换成提升机器盖的能量，这就在行人、发动机罩和发动机室内部件之间形成吸能区域，通过发动机罩的变形减小对行人头肩部的冲击。当人体与车头部分刚一接触，机械系统就会被触发，其作用力可以由弹簧力驱动，也可采用气体喷射方式。当遇到车与车相撞的时候，该系统不会起作用，在车辆停放时，人故意撞击也不能启动。在碰撞中起主要作用的第二接触区前保险杠也将改进，采用高密度泡沫材料和新设计的结构，以控制对行人腿部的冲击，减小撞击力量，从而有效地保障行人的膝、腿免受严重伤害。同样，重新设计的前灯室及周边区域能确保按受控模式吸收上腿部的冲击能量，避免玻璃破碎割伤行人的腿部。只有各部件的能量吸收相协调，才能保障行人受到安全的保护。

（二）发动机罩气囊

发动机罩气囊在保险杠上方紧靠保险杠处开始展开。碰撞前由一个碰撞预警传感器激发，50 ms ~ 75 ms 内完成充气。充气后的安全气囊长约 1371 mm、高约558 mm、宽约 127 mm。

发动机罩气囊保持充气状态时间可达数秒，而车内气囊保持充气状态的时间不超过 100 ms。发动机罩气囊还可在一种特殊形式的车与车碰撞中为驾乘人员提供保护。当汽车侧面受到另一部件撞击时，车内驾乘人员的头部可能会被撞过来的汽车发动机罩碰伤。此时，发动机罩气囊就可以为这个危险的部位提供缓冲。

（三）行人安全气囊系统

行人保护安全气囊可以进一步避免人体撞击汽车的前挡风玻璃，以免在猛烈碰撞下行人与车内乘客受到更大的伤害。行人安全车采用了两种可在碰撞中对行人进行保护的新颖安全气囊。这两种气囊一是发动机罩气囊，二是前围安全气囊，两者配合使用可减少最常见的行人伤亡事故。

发动机罩气囊在保险杠上方紧靠保险杠处开始展开。碰撞前由一个碰撞预警传感器激发，50 μs ~ 75 μs 内完成充气，保持充气状态时间可达数秒。充气后的安全气囊在前照灯之间的部位展开，由保险杠顶面向上伸展到发动机罩表面以上。气囊的折叠模式和断面设计保证了气囊展开时能与汽车前端的轮廓相合，以保证儿童头部和成人腿部的安全。

（四）前围气囊系统

前围气囊系统的作用是提供二次碰撞保护，防止驾乘人员被甩到发动机罩上导致后头部被风窗底部碰伤。该系统包括两个气囊，各由汽车中心线向一侧的 A 立柱延伸，每个前围气囊都长约 686 mm、高约 305 mm、宽约 127 mm。气囊在传感器探测到行人与保险杠发生初始碰撞后触发。

行人翻到发动机罩上滚向风窗的时间大约是 100 ms，这段时间气囊将完成充气，充气之后，两个气囊沿风窗底部将左右 A 立柱之间的汽车整个宽度完全覆盖，这样不仅盖住了风窗玻璃底部，还盖住了刮水器摆轴与发动机罩支座等致命的"硬点"。不过，气囊不会完全封住驾驶员的视线。

（五）改进保险杠设计

改进保险杠技术，可以减少对行人腿部的伤害。可以在保险杠上适当的地方配置多件高密度泡沫材料来缓冲车辆与行人的碰撞。

（六）可变形的车前灯灯罩结构

采用可变形的车前灯灯罩结构，以使其具有吸收冲力的特性。其目的是减少冲撞时施加于行人腿部的冲击力，同时减少车前灯玻璃破碎时可能造成的腿部受伤。

八、汽车环保新技术

世界上许多国家的汽车生产厂商纷纷投入人力和物力，研发新型汽车环保技术，进一步降低汽车排气污染。下面将对这些新技术作简单介绍。

（一）公用配油管式燃料喷射系统

该技术用以改进汽车油耗，提高燃油经济性。该技术主要适用于柴油发动机，发动机工作时，柴油是在恒高压下从相邻通道（公共配油管）供给的。利用发动机计算机管理系统，喷油器可对油量进行精确的电子控制。与传统技术相比，该技术具有明显的优势：喷油器只在油料压力足够高时才开启；油压正时及油量均可单独调节并与各种驱动条件匹配。该技术尤其适用于客车发动机。

（二）汽油直喷发动机

汽油直喷技术已从早期的赛车专用向普及化过渡，可使发动机的燃油经济性提高30%。汽油直喷发动机利用高压涡流喷射器、螺旋进气道、电子涡流控制阀及嵌入活塞顶的唇状燃烧室，在优化高速作业功率的同时，使中、低转速的扭矩最大。根据驱动条件的变化，系统可连续改变进气阀门，再配以电子节流阀控制较大范围的空气燃料比，燃油经济性可最大化。

（三）催化转换技术

利用催化转换器除去汽车废气中残留的有毒污染物，是一种燃烧后的污染控制技术。随着无铅汽油时代的到来，汽油车的催化转换技术将更加成熟。一个性能优良的催化转换装置能把90%以上的一氧化碳、碳氢化合物、氧化氮转化为相对无害的二氧化碳、氮和水。尽管柴油发动机的污染略有不同（带有可视"烟雾"或微粒），但新型转换装置能较好地解决这一问题。

（四）稀混合气发动机

随着环保条例的愈加严厉，与之相匹配的污染控制技术必须得到改良。例如，稀混合气发动机的经济性能优良，且一氧化碳、碳氢化合物的排放又低，但氧化氮较多。为解决这一问题，可在燃烧过程中用稀土床吸收氧化氮，从而极大降低氧化氮的污染。

（五）应对冷启动的技术

为解决冷启动，有些公司用加热或烧油的方法使催化剂快速达到较高的温度值，也有公司把催化剂放到与发动机更近的地方，减少预热时间，还有公司将发动机启动时头几分钟的排气"困"于特殊的容器中，利用系统温度的升高对废气进行再燃烧。

（六）连续式再生分离装置

该装置有两个分离腔，配以催化剂和过滤器，可除去柴油发动机排气中90%的有害废气。

在一级分离腔中，设计者在细陶瓷通道上采用了特殊的基材，并在基材上涂铂，把一氧化碳和碳氢化合物转变为二氧化碳和水。催化剂还将提高氧化氮的比例，在二级分离腔中，气体通过二级通道管簇，并把微粒残留在管壁上面。管壁上的粒子与氧化氮反应并分解。

该技术的优点是：

①因无微粒残留，避免了过滤元件的堵塞。

②新型装置工作温度为250℃，远低于燃烧烟灰所需的600℃。

③无须额外加热。

④单个装置可除去大部分有害气体及微粒。

⑤该技术适用于涡轮增压发动机使用。

（七）压缩天然气（CNG）技术

除汽油和柴油外，压缩天然气也是汽车燃料的一种，压缩天然气排气污染较小，但其主要缺点是能量密度较低。驾驶员通常在城市驾车时选用污染小的天然气，当远离加气站时就选择使用汽油。发动机的燃料分配系统使天然气通过喷射阀，再分别到达5缸。两种燃料的点火均由现用的电子系统控制。当天然气被切断或气压不足时，发动机会自动切换为汽油操纵。

（八）快速消除有害微粒的技术

该技术用高能电子来"快速消灭"有害气体，使之分解为无毒水蒸气、二氧化碳和水。其目的是把柴油发动机的排气污染控制在较高的清洁水平，使之与配有催化转换装置的汽油发动机的清洁值相当。

该技术利用高能电子的短脉冲分解氧化氮及烟灰微粒。一个特殊电子开关的高压电子脉冲每秒放电可达几千次。电子脉冲与发动机排气相互碰撞，产生一等离子体，再与带电的氮、氧及氢氧化物微粒反应，生成二氧化碳、空气和水蒸气。

第三节　轮胎压力监视系统

在汽车高速行驶的过程中，轮胎故障是所有驾驶员最为担心和最难预防的。轮胎故障也是导致突发性道路交通事故的重要原因，怎样防止爆胎已成为安全驾驶的重要课题。

保持标准的车胎气压行驶和及时发现车胎漏气是防止爆胎的关键，而汽车胎压监视系统（TPMS）则是理想的工具。该系统主要在汽车行驶时对轮胎气压进行自动监测，对轮胎漏气和低气压进行报警，以保障行车安全。

一、汽车胎压监视系统分类

在轮胎的轮鼓上安装一个内置传感器，传感器中包括感应气压的电桥式电子气压感应装置，它将气压信号转换为电信号，通过无线发射装置将信号发射出来。

传感器发射出来的气压信息由接收机接收处理后，再通过安装在驾驶台上的显示器显示出来，在行驶过程中实时地进行监视。接收机和显示器的安装有分离式安装和整体式安装两种形式。

驾驶员从监视器上就可以清楚地知道每个轮胎的气压值，当轮胎的气压低于设定的气压下限时，监视器将自动报警。驾驶者可以根据显示数据及时对轮胎进行加气或放气，发现渗漏及时处理，减少意外的发生。

目前，TPMS 主要分为两种类型，一种是 Wheel-Speed Based TPMS（简称 WSB-TPMS，或称为间接式 TPMS），要求使用 ABS 来确定轮胎压力变化。ABS 通过车速传感器来确定车轮是否抱死，从而决定是否启动防抱死系统。对于在四个轮子上都装有车轮速度传感器的系统来说，此类软件的升级可以用于监测车速的变化，轮胎压力变低也会导致车速发生变化。当轮胎压力降低时，车辆的重量会使轮胎直径变小，反过来会导致车速减慢。经过正确计算，这种车速变化可用于触发警报系统来向司机发出警告。另一种是 Pressure-Sensor Based TPMS（简称 PSB-TPMS，或称为直接式 TPMS），这种系统利用安装在每一个轮胎里的压力传感器来直接测量轮胎的气压，并对各轮胎气压进行显示及监视。当轮胎气压太低或有渗漏时，系统会自动报警。

目前直接式 TPMS 技术又分为主动式和被动式两种，主动式系统是将压力传感器安装在每个轮圈上，而车子上的各种遥控开关装置中的射频组件，可作为胎压量测的接收器，进而整合为完整的胎压监控系统。主动式技术的优点是技术成熟，开发出来的模块可适用于各厂牌的轮胎，但缺点是感应模块需要电池供电，因此有使用寿命的问题。至于被动式技术，虽然不用电池供电，但是它需要将转发器整合至轮胎中。

还有一种复合式 TPMS，它兼有每个系统的优点。复合式系统在两个互相成对角的轮胎内装备直接传感器，并装备一个四轮间接系统。与全部使用直接系统相比，这种复合式系统可以降低成本，克服间接系统不能检测出多个轮胎同时出现气压过低的缺点。但是它仍然不能提供所有四个轮胎内实际压力的实时数据，只有直接系统才具备这种功能。每个系统都有自己的优点。但通过比较可以看出直接传感系统更有效，它可以提供更高级的功能，并可以随时测定每个轮胎内部的实际瞬压，很容易确定故障轮胎。间接系统相对便宜，对已经装备了四轮 ABS（每个轮胎装备一个轮速传感器）的汽车来说，使用间接系统只需对软件进行升级，但目前这类系统没有直接系统准确率高，而且系统校准极其复杂。此外，在某些情况下此类系统会无法正常工作，如同一车轴的两个轮胎气压都低的情况下就无法正常工作。

二、PSB-TPMS 的结构与工作原理

PSB-TPMS 主要由安装在汽车轮胎内的压力、温度传感器和信号处理单元（MCU）、RF（射频）发射器组成的 TPMS 发射模块，以及安装在汽车驾驶台上的包括数字信号处理单元（MCU）的 RF 接收器、液晶显示器（LCD）组成。

一个直接 TPMS 系统包括四个或五个（取决于备胎是否装备传感器）轮胎模块和一个中央接收器模块。轮胎模块由压力传感器、温度传感器、控制模块、发射器和天线以及电池组成。直接 TPMS 系统还可以包括更多的外部系统，如启动发射的低频探

测器（使模块不仅仅作为发射器，还可以作为收发器使用）、惯性开关或无内置电池的电源等装置。数据由车身控制器处理，当轮胎压力较低时，它会向驾驶员发出警告。如果使用正确的发射载波频率和通信协议，接收器系统可以和遥控门锁系统相集成。驾驶员可以通过集成到仪表盘显示器上的简单"指示器"、集成了显示器的后视镜或单独安装在仪表板上的屏幕等，了解各种数据。只要能够向驾驶员发出轮胎气压比正常压力降低 25% 的警告，这些系统就都可以满足直接 TPMS 提出的要求。

（一）TPMS 传感器

TPMS 传感器是一个集成半导体压力传感器、半导体温度传感器、数字信号处理单元和电源管理器的系统模块。为了强化胎压检测功能，有不少 TPMS 传感器模块还增加了加速度传感器、电压检测、内部时钟、"看门狗"及其他功能的 ASIC（专用集成电路）数字信号处理单元。这些功能芯片使 TPMS 传感器不仅能实时检测汽车开动中的轮胎压力和胎内温度的变化，还能实现汽车移动即时开机、自动唤醒、节省电能等功能。电源管理器确保系统实现低功耗，使一节锂电池可以使用 3 ~ 5 年。

TPMS 的压力传感器是基于 MEMS（半导体制造技术）来设计、生产的，主要有硅集成电容式压力传感器和硅压阻式压力传感器。硅压阻式压力传感器是采用高精密半导体电阻应变片组成惠斯顿电桥测量电路的，其测量精度能达 0.01% ~ 0.03% FS。

TPMS 压力传感器是一个系统模块，包括硅显微机械加工的压力传感器、温度传感器、加速度计、电池电压检测、内部时钟、模数转换器（ADC）、取样 / 保持（S/H）、SPI 口（光 / 电变换接口）、校准、数据管理、ID 码（身份标识码）的数字信号处理单元。该模块是将 MEMS 压力传感器和半导体电路，用集成电路工艺做在一个封装里的。在封装的上方留有一个压力 / 温度导入孔，将压力直接导入压力传感器的应力薄膜上，周边固定的圆形应力薄膜内壁由半导体应变片组成惠斯顿测量电桥；同时这个孔还将环境温度直接导入半导体温度传感器上。为了方便 TPMS 接收器的识别，每个压力传感器都具有 6 ~ 8 位独特的 ID 码。

（二）TPMS 发射模块的安装

现在的汽车大多都取消了内胎，这给 TPMS 发射模块安装带来了极大的方便，目前在汽车轮胎内安装 TPMS 发射模块有两种方式，一是安装在气门嘴上，二是利用紧箍扣安装在轮毂上。无论采用哪种方式，安装完 TPMS 发射模块都必须重新对轮胎进行动平衡检验。

（三）轮胎气压与温度

汽车轮胎的压力与温度是密切相关的，汽车轮胎的气压低于标准值时，变形增大，受力发生变化，易使轮壁帘布层呈环状断裂，胎面磨损不均，胎肩的磨损急剧增大；

同时帘布层之间剪切力增大，生热加剧，使胶层与帘线的物理性能下降，缩短轮胎使用寿命。若胎压长期低于正常气压的 80%，在高速行驶时，轮胎会急剧升温而脱层，最后导致爆胎。

轮胎气压高于标准值时，因轮胎与地面接触的面积减少，单位压力增高，使轮胎胎面的中部磨损增加，会降低轮胎寿命。

汽车轮胎温度越高，轮胎的强度越低，变形越大（一般温度不能超过 80℃，当温度达到 95℃时，轮胎的情况非常危险）。轮胎温度每升高 1℃，轮胎磨损就增加 2%；行驶速度每增加一倍，轮胎行驶里程降低 50%。因此，不允许超温超速行驶。

（四）TPMS 的作用

汽车现有安全措施，如 ABS、ESP、安全气囊等，均是"事后被动"型安全保护，即在事故已经发生时才起到保护人身和汽车的安全作用，轮胎气压监视系统属于"事前主动"型安全保护，即在轮胎出现危险征兆时及时报警，采取措施，将事故消灭在萌芽状态，确保汽车行驶过程中始终处于安全状态。汽车配装 TPMS 的必要性首先体现在它可以有效防止爆胎事故的发生。

汽车上配装 TPMS 还能延长轮胎的使用寿命，能有效减少汽车的燃油消耗，能更好地对汽车各重要部件进行保养，还能减轻对环境的污染。由于安装了 TPMS，驾驶员随时了解轮胎的气压状况，使汽车行驶于正常气压状态下，这对汽车发动机及底盘尤其是对悬挂系统的保养和维护有突出的贡献。如果汽车长期在轮胎气压过高状态下行驶，将会对发动机底盘及悬挂系统造成很大的伤害。轮胎的气压是轮胎的生命，正确的充气压力是充分发挥轮胎性能的最佳保证，可确保行车的安全与舒适并避免不正常的磨损。

随着市场扩大，感应系统成本进一步降低，人们对安全措施的重视度的提高，TPMS 将会有更大的市场。

第六章 汽车电气和电子保养

现代汽车采用了大量高新科技，其发展方向是机电一体化。微电子的发展更推动了汽车向电子控制方向发展，使汽车更安全、更经济、操控性更好，把汽车的性能推向一个更高的水平。

与此同时，汽车维修保养工作变得既容易又困难了。因为汽车通常配备了电子自检系统，若某个系统出现了故障，可通过专用仪器快速准确地检测出来，自动提醒司机，因此说它使维修工作更容易。另一方面，它要求维修保养工作者必须具备相应的高科技知识，并且有专用的检测仪器，否则就无从下手。从这个角度考虑，维修保养现代汽车就显得越发困难了。

第一节 电气部分的保养

一、汽车仪表的正确使用

常用汽车的电气仪表主要有电流表、燃油表、水温表及润滑油压力表等。其作用是检测和指示各有关部分的性能和状态，为正确使用和维修发动机提供依据和指南。为保证各仪表能正常工作，准确指示各有关部分的性能和状态，必须正确使用，并对其及时进行维护保养。

（1）经常擦拭各仪表的表面，一方面防止灰尘和油污侵入仪表内部损坏表芯，另一方面也便于观察仪表指针的动态。

（2）掌握各仪表的性能及仪表指示状态与发动机有关部分工作状况的关系，以便根据仪表指示状态判断发动机的工作状况，查找故障部位及原因。

（3）发动机启动时，必须观察各仪表的动态，发现异常，及时处理；发动机运转及汽车行驶中，也应经常观察各仪表的动态，以便掌握各相关系统的工作情况。

（4）电压值不同的仪表，除电流表外一律不得相互代用，以免损坏仪表。

（5）电热式和电磁式仪表的传感器性能截然不同。如电热式燃油表的可变电阻式传感器，其电阻值随油箱油平面升高而减小，而电磁式燃油表的可变电阻式传感器的电阻值变化则相反；电热式润滑油压力表传感器的可变电阻值随油压升高而减小，而电磁式润滑油压力表的可变电阻值变化也正好相反；电热式水温表传感器的热敏电阻，水温 50℃时电阻值为 220 Ω，水温 115℃时电阻值则降为 20 Ω，而电磁式水温表传感器的热敏电阻，在水温为 100℃时电阻值仍较高，温度继续上升其电阻值才明显减小。因此，电热式和电磁式仪表及其传感器应配套使用，不得互换使用或单独更换。

（6）水温表传感器必须良好接地，传感器的导线不得搭铁、短路，以免损坏水温表。

（7）安装润滑油压力传感器时，应使"↑"记号朝上，否则会降低润滑油压力表指示的准确性。

（8）电磁式燃油表的下接线柱应接传感器，上接线柱则接点火开关。否则，指针始终指向"0"。

（9）燃油箱内浮子的移动应灵活，油箱及燃油表传感器接地应可靠。若搭铁不良，指针会始终指向"0"端。

（10）带电测试燃油表系统时，不得将传感器取出靠近油箱，以防因其可变电阻滑动引起接触处产生火花而使油箱起火，甚至爆炸伤人。

（11）仪表电路中装有稳压器时，其外壳可靠搭铁。当稳压器损坏时，仪表不能直接连电源，以免损坏仪表。

（12）电流表正、负极性不可接反。若汽车为负极搭铁，则电流表"−"接柱应接蓄电池火线（正极），"+"接交流发电机火线。

（13）电流表接线前应将垫圈、螺母、螺栓等接触面用砂纸打磨干净，安装螺母时最好涂一点干净的润滑油，既防锈蚀又便于拆装。平面绝缘垫圈应完好，且绝缘垫圈与弹簧垫圈之间应装一只平垫片并接牢，以免因接触不良而使线头发热，甚至烧坏仪表和线束。

（14）定期检测电气仪表。缺乏检测仪器时，可与标准仪表进行对比。电流表的示值误差应小于 20%；润滑油压力表的示值误差，油压为 0.2 MPa 时应小于 10%，油压为 0.5 MPa 时应小于 20%。

二、蓄电池维护

由于现在普遍使用的都是铅酸蓄电池，液态的硫酸容易溢出，而硫酸有强腐蚀性，所以要及时擦拭干净，同时注意不能接触眼睛和皮肤。硫酸中所含的水分也会蒸发，当硫酸液面接近铅板顶面时，就要添加蒸馏水。当然，现在很多汽车已经采用了免维护蓄电池，因为全封闭在塑料壳内，减少了维护的工作量。

蓄电池长久不用，就会自行放电，直至报废。因此，每隔一定时间就应启动一次汽车，给蓄电池充电。另一个办法就是将蓄电池上的两个电极拔下来，要注意在从电极柱上拔下正、负两根电极线时，要先拔下负极线(－)，或卸下负极和汽车底盘的连接，然后再拔去带有正极标志（＋）的另一根电极线。

（一）蓄电池的寿命

蓄电池有一定的使用寿命，到一定的时期就要更换。更换时同样要遵循上述次序，不过在把电极线接上去时，次序相反，应先接正极，然后再接负极。

蓄电池的蓄电量可以在仪表板上反映出来。当电流表指针显示蓄电量不足时，要及时充电。方法很简单，就是踩住离合器，在汽车停机状态下启动发动机，此时发动机会带动发电机向蓄电池充电。如果使用过度，发动机无法启动，这时就要到汽修厂用充电机充电。有时在路途中发现电量不够了，发动机又熄火启动不了，作为临时措施，可以向其他的车辆求助，用它们车辆上的蓄电池来充电——将两个蓄电池的负极和负极相连，正极和正极相连。当然，这只是权宜之计。

蓄电池的寿命一般是一年半至两年，影响蓄电池的寿命的因素有：

（1）过度充电。蓄电池充电时产生的气泡会使极板上的红铅粉（正极板）与黄铅粉（负极板）脱落，发生此种问题的原因通常为电压调整器故障。

（2）蓄电池电瓶的电解液不足。电解液不足会使极板产生硫化。蓄电池电解液不足时，可用蒸馏水、逆渗透纯水或是专属的电解水加至电瓶水淹没极板再多一点（即外观上限处）。

通常电瓶使用一段时间之后电瓶桩头会产生白色结晶粒，这种结晶粒会使电瓶漏电。所以在保养时，需先拿胶布将加水盖上的通气孔贴牢，以防脏水跑入电瓶内。然后拿热水或苏打水将其洗掉，再将电瓶表面擦干，在桩头上涂一层黄油（以防再结晶），最后将胶布撕掉。

若电瓶没电无法启动需要其他车辆借电时，其跨接法为：正极接正极（红色粗电线"＋"或POS），借电方车辆的负极接被借方车辆引擎任何一处（引擎任何一处都是负极），勿将借电方车辆的负极接至被借方车辆电瓶负极，此动作会在跨接线拆下时产生反向电压将计算机或其他的电子组件烧毁。

车辆启动后将转速提高至2000 r/min，经过一段时间后再行驶，若引擎无法维持运转，则表示充电系统存在故障。

（二）蓄电池的正确使用

为使蓄电池保持良好的工作状态，延长其使用寿命，在使用时要正确维护和保养，防止不必要的故障发生，一般说来，要做到以下几点。

1. 及时添加蒸馏水

正常情况下，电解液液面应高于极板 10 mm ~ 15 mm，由于蓄电池内水分蒸发，液面会逐渐下降，此时需要及时补充蒸馏水，不可裸露极板。测量电解液高度时，常用玻璃管或清洁的竹片、木片探测，绝对禁止用金属丝或金属棒。一般冬季每 10 ~ 15 天检查一次，夏季每 5 ~ 7 天检查一次。需要强调的是：在保证蓄电池外壳无裂纹的前提下，只能加注蒸馏水，不可加注电解液，更不可加硫酸，因为液面下降主要是水分蒸发所致，如果加注电解液就会使电解液的密度增大，加速极板腐蚀及硫化。电解液液面也不可过高，否则外溢会导致电池表面脏污及腐蚀周围的机件。

2. 定期检查电解液密度

电解液密度对蓄电池的性能影响很大，如果密度过小，在使用时，极板还未放完电，电解液就已接近于水，不利于电池最大限度地发挥作用。在严寒的季节，当电解液的密度过低时，活性物质孔隙内的电解液就容易结冰，电解液结冰以后体积变大，活性物质会从板栅上脱落下来，同时易使外壳冻裂。如果密度过大，虽然对提高容量有一定的好处，但会加剧对极板的腐蚀，影响蓄电池的寿命。因此在使用时要定期检查并及时调整密度。检查密度，一方面可以判断蓄电池放电程度，另一方面还可以检查蓄电池外壳是否有轻微泄漏或裂纹。当电池在 0℃ 以下使用时，可将电解液的密度适当调高一些，以防电解液结冰而使蓄电池外壳冻裂；炎热季节时，电解液的密度可适当调低，有利于保护电池，减少电极腐蚀现象的发生，延长蓄电池使用寿命。

3. 定期充电

电池在使用时，虽然有车上的发电机给其恒压充电，但常有充电不足现象。经常跑短途的车辆，发电机给电池充电的时间短、电流小，而启动消耗大量的电池能量，再加上电池常有小电流自放电，会使电池处于缺电状态，因此应根据电池的存电情况定期将电池拆下来进行补充充电，一般每月一次。

4. 安装要牢靠

因蓄电池安装不牢靠，车辆行驶时会受到较大的振动而造成极板活性物质脱落，电解液外溢，甚至会发生外壳破裂的现象。因此，必须把电池安装牢靠，电池箱或托架损坏后要及时修复，一般可在电池外壳上装耐酸减震垫。

在接线柱和线夹上涂一层黄油或凡士林，可使其免受溢出的电解液腐蚀和氧化。电池接线柱和线夹如发生腐蚀或氧化，其接头上的电阻会增大，用电设备得不到所需电流，将无法正常工作。

5. 及时消除表面脏污

蓄电池表面电解液过多，会使正负极间发生短路，导致电池自放电，还易使外壳封胶被腐蚀、开裂；蓄电池接线柱和线夹表面的脏污过多，会导致导电不良，蓄电池功率不能充分发挥，使发动机启动困难。因此，当发现蓄电池表面有脏污时，要及时清除，一般用热水反复冲洗几次即可。

6. 干荷电池启用前要进行初充电

通常新的干荷电池不必经过初充电，只需加注电解液静止几个小时即可。但蓄电池经过长时间存放，会因空气等原因导致极板不同程度氧化，极板上如果有氧化物，加入电解液后会产生结晶，导致蓄电池出现亏电现象，可以通过初充电的方式来弥补亏电的缺陷。即使存放时间较短的电瓶，如果时间允许，在启用前进行一次初充电也是有益而无害的。

7. 不要把通气孔堵死

当蓄电池充足电而继续充电形成过充电时，电解液中的水被分解为大量的氢气和氧气，产生大量的气泡。这些气体必须从通气孔中排出，否则会因气体积聚过多而使电池外壳膨胀，此时如果遇到火花会发生爆炸事故。因此，在使用时，应经常检查通气孔是否畅通，千万不可堵死。

8. 不要过度放电

过度放电会使极板表面上的硫酸层过厚，不利于下次充电时还原，也极易造成极板硫化，缩短电池的使用寿命，所以不可过度放电。一般来说，当端电压下降到 1.8 V 时，就可以结束放电。

9. 容量不宜过大

若所选蓄电池规格小，但车辆启动所需电流值较大时，会使蓄电池承受不了，如同小马拉大车，影响使用寿命。但规格选大了，即使启动没有问题，也会存在车上发电机对电池充电不足的可能，长期使用会导致电池亏电严重，同样影响寿命。在使用中，很多车主为了便于启动车辆，选用了比规定容量大很多的蓄电池，这样做是不合适的。在选择蓄电池的规格时，应以车辆配套的电池型号为依据，不可乱用。

10. 不同容量的不宜串联使用

当两块不同容量的蓄电池串联时，容量小的会处于过充电或过放电状态；容量大的则会充电不足，造成极板硫化，容量下降，充电时电解液温度上升过快，久而久之易损坏电池。

11. 调节器限额电压不宜过高

有些车主为了能使蓄电池电量充得更足，把调节器的限额电压调得较高，这样会导致电池经常处于过充电状态，从而使电解液中的水分蒸发过快，如果不及时检查会导致极板裸露，造成活性物质脱落或硫化。尤其是长途行车，因启动的频率较少，电池很容易出现过充电，更应该注意适当把限额电压调得低一些，一般以 13 V ~ 14 V 为好。

12. 不宜用大电流来充电

蓄电池按照常规充电，充电电流较小，充电时间较长。部分车主为了缩短充电时间，用加大充电电流的方法。事实上，这样不仅不能使电池充到额定电量，反而会使电池温度升高，产生大量气泡，造成活性物质脱落，极板弯曲，严重影响寿命。

13. 不宜用短路的方法来检查存电量

蓄电池的正负极短路会使电瓶瞬间大量放电，并产生大量的火花，极大地缩短电池的使用寿命，并可能发生电瓶爆炸事故。

（三）蓄电池的维护

蓄电池被人们形容为汽车的供电站。蓄电池的寿命一般在 2 年~3 年，如果使用和维护得当的话，可以使用到 4 年以上。如果使用和维护不当，就会在几个月内损坏。蓄电池在使用中应定期检查电解液的高度，及时对蓄电池的存电状况进行检查和补充。蓄电池维护工作比较简单，做好电解液的补充、蓄电池、极桩清洁和蓄电池的比重控制等工作，就能有效延长蓄电池的使用寿命。由于免维护蓄电池的广泛使用，在正常工作情况下，蓄电池一般不需要维护。

1. 清洁蓄电池的外部

（1）检查蓄电池及各极桩导线夹头的固定情况，应无松动现象。

（2）检查蓄电池壳体，应无开裂和损坏现象，极桩和夹头应无烧损。否则，应将蓄电池从车上拆下修复。

（3）用布擦净蓄电池外部灰尘，如果表面溢出电解液，可用布擦去脏污或用热水冲洗，然后用布擦干。

（4）清除极桩头上的污垢和氧化物，擦净连接线外部及夹头，清除安装架上的脏污，疏通加液口盖通气孔并将其清洗干净。安装时，在极桩和夹头上涂一薄层工业凡士林。

2. 检查蓄电池液面高度

用一根内径 6 mm~8 mm、长约 150 mm 的玻璃管，垂直插入加液口内，直至浸入极板上缘为止。然后用拇指压紧管的上口，用食指和无名指将玻璃管夹出，玻璃管中电解液的高度即为蓄电池内电解液平面高出极板的高度，应为 10 mm~15 mm。最后再将电解液放入原单格电池中。

3. 补充电解液

当电解液液面过低时，应及时补充蒸馏水或市场上销售的电瓶补充液，不要添加自来水、河水或井水，以免混入杂质，造成自行放电的故障；也不要添加电解液，否则会使电解液浓度增大，缩短蓄电池的使用寿命。注意电解液液面不能过高，以防充、放电过程中电解液外溢，造成短路故障。调整液面之后应对蓄电池充电 0.5 h 以上，以使加入的蒸馏水能够与原电解液混合均匀。否则，在冬季容易使蓄电池内结冰。

4. 检查电解液密度

电解液密度的高低是随蓄电池充、放电程度的不同而变化的。电解液密度的下降程度是蓄电池放电程度的一种表现。测量每个单格内的电解液密度，可以了解蓄电池的放电程度。当蓄电池密度低于 $1.230 \, kg/m^3$（15℃）时，应对蓄电池进行充电。

（1）测量方法

拧下蓄电池的各加液口盖，用密度计从加液口吸出电解液至密度计的浮子浮起来为止。观测读数时，应把密度计提至与视线平齐的位置，并使浮子处于玻璃的中心位置而不与管壁接触，以免影响读数的准确性。

当温度低于15℃或高于15℃时，应使用温度计测量电解液的实际温度，以计算电解液密度的修正值。

注意在蓄电池大电流放电之后（如启动发动机），不能马上测量密度，因为此时电解液没有混合均匀，测量的密度值不准确。

（2）电解液密度的修正

不同温度电解液的密度有一定误差，需要对测得的电解液密度值进行修正。电解液密度以15℃时的数据为基准。故测量时，若电解液温度高于15℃，每高1℃，应从实际测得的密度数值加上 $0.0007 \, kg/m^3$；若电解液温度反之低于15℃，每低1℃，应减去 $0.0007 \, kg/m^3$；若温差较大，可按下列公式进行修正：

$$密度值 = 实际电解液密度 + 0.0007 \, kg/m^3（实际电解液温度为 -15℃）$$

（3）从电解液密度判断蓄电池的放电情况

分析测得的并经过修正的电解液密度数值，就可以判定蓄电池的放电情况，确定是否需要进行充电。当蓄电池放电量超过25%时，应及时充电。电解液密度每下降 $0.01 \, kg/m^3$，蓄电池大约放电6%。

（4）根据气温调密度

蓄电池电解液密度应根据地区和季节条件进行确定。密度过高，影响蓄电池使用寿命；密度过低，易造成电解液冬季结冰。同一蓄电池的各单格电解液密度差值不应大于 $0.01 \, kg/m^3$。若某一单格电池电解液密度下降过大，则该单格电池内部可能有故障，应查明原因，予以修复。

5. 检查蓄电池的负荷电压

对蓄电池的负荷电压常用高倍率放电计（或称蓄电池检查仪）进行检查。

测量时，将高倍率放电计的触针稍用力压在单格电池的两个极柱上或蓄电池两极柱上，每次连续时间不得超过 5 s。要求在 5 s 内，电压表指针应稳定在某一刻度值上，并记下此数值。经过测量，当蓄电池电解液密度确定已放电25%时，可不必进行高率放电检查。

一般用高倍率放电计检查技术状态良好的蓄电池时，其单格电压应稳定在 1.6 V 以上或在绿色区域；若单格电压低于 1.6 V，在 5 s 内尚能保持稳定，一般为放电过多；若没有电压显示，或电压表指针很快复零，则表示该单格电池或整个蓄电池有短路、断路或其他故障，应用万用表或通过充电来进一步检查分析。

6. 用充电的方法检查蓄电池的技术状况

为了进一步检查蓄电池的故障性质和故障程度，以便对其技术状态进行确切的判定，可以结合蓄电池充电过程进行检验，根据充电检验时蓄电池的不同表现，判明蓄电池的内部故障及其原因。

（1）正常状态

对蓄电池进行充电时，蓄电池电压和电解液密度都按一定规律上升，且电解液温度不高。这表明蓄电池的技术状态是正常的，只是属于放电过多，应进行充电。

（2）硫化状态

内部硫化的蓄电池在进行充电时，最初单格电压可升至 2.8 V 左右，电解液温度也高。随着充电的继续，数小时后，单格电压会下降到 2.2 V，之后又缓慢上升，与良好的蓄电池充电规律相同。内部严重硫化的蓄电池，单格电池的电压还会高于 2.8 V 以上，电解液密度并不升高，充电之初，蓄电池就会出现冒气泡现象。

（3）活性物质脱落

活性物质严重脱落的蓄电池在充电时，电解液浑浊，蓄电池容量降低，充电时间较正常的蓄电池缩短，电解液沸腾等充电终了的现象也会提前出现。

（4）自行放电

自行放电的蓄电池，充电时间较长，电解液密度和端电压上升缓慢。如果蓄电池内部有严重短路，则无论充电时间多长，电解液密度和端电压都不会上升，蓄电池中更没有气泡产生，电解液好似"一潭死水"。

7. 对使用中的蓄电池进行补充充电

使用中的蓄电池，如果放电超过规定，应进行补充充电。另外，车用蓄电池因长期采用定电压充电（车上的充电方式为定电压充电）方式，不可能使蓄电池的电量彻底充足，为了防止蓄电池硫化或消除蓄电池轻微的硫化，应定期对蓄电池进行补充充电。

（1）充电过程

首先用蒸馏水或蓄电池专用补充液将蓄电池的液面调整到规定的高度。充电前按照充电设备的额定电压和额定电流将需要充电的蓄电池连接起来。

根据蓄电池的充电特性，蓄电池充足电时，单格电压可达 2.7 V 左右，但为可靠，一般单格充电电压按 2.75 V 计算，这样 3 个单格的 6 V 蓄电池所需要的充电电压为 8.25 V；6 个单格的 12 V 蓄电池所需要的充电电压为 16.5 V。串联在一路的蓄电池的总电压不能大于充电设备的额定电压。

当并联数路同时充电时，各并联支路内的蓄电池的总电压应相等；在一个支路中所串联的蓄电池的容量不等，所需充电电流大小不等时，则充电电流应按最小的蓄电池计算，原来需要充电电流大的蓄电池，充电时间就要长一些。

充电时，各并联支路蓄电池的正极接充电设备的正极，蓄电池的负极接充电设备的负极，绝对不能接反。

定电流的充电电流是根据蓄电池的容量来选择的。定电流充电分两个阶段进行：第一阶段的充电电流为蓄电池额定容量数值的 1/10，第二阶段的充电电流为蓄电池额定容量数值的 1/20。

（2）充电的基本要求

在充电过程中，为了及时了解情况，应每隔 2 h ~ 3 h 测量记录一次单格电压、电解液密度和温度的变化情况。当单格电压达到 2.4 V 时，应及时转入第二阶段。当电解液出现大量均匀细密的气泡，单格电压稳定在 2.5 V ~ 2.7 V，并在 2 h ~ 3 h 内电解液密度和端电压都不再继续上升时，则说明蓄电池已充足电，可以停止充电。

当蓄电池充电结束时，应检查调整蓄电池的电解液密度。如果电解液密度不符合要求，可先将原格内的电解液抽出一些，如果原密度过小，可加入密度为 1.40 kg/m³ 的浓电解液调整；如果原来密度过大，可加入蒸馏水进行稀释。调整后的各单格电解液密度相差不应超过 0.01 kg/m³，液面高度应符合规定。密度调整后再以小电流继续充电 0.5 h，使电解液混合均匀，再复查电解液密度，必要时进行调整。最后把蓄电池擦拭干净，装车使用。

8. 蓄电池的安装

安装蓄电池时，应固定可靠，严禁用工具敲打极柱、夹头。在搬运过程中，应避免有较大的冲击。

9. 免维护蓄电池的检查

免维护蓄电池在正常充电电压下，电解液仅产生少量的气体，极板有很强的抗过充电能力，具有内阻小、低温启动性能好、比常规蓄电池使用寿命长等优势。免维护蓄电池在使用期间一般不需要添加蒸馏水，在汽车正常充电的情况下，不需要从车上拆下进行补充充电，但在维护时应对其电解液的密度进行检查。

免维护蓄电池的检查操作如下：

多数免维护蓄电池在盖上设有一个孔形密度计，它会根据电解液密度的变化改变颜色。免维护蓄电池也可以进行补充充电，充电方法与普通蓄电池的充电方法基本一样。充电时每单格电压应限制在 2.3 V ~ 2.4 V 间，注意使用常规充电方法充电会消耗较多的水，充电时充电电流应稍小些（5 A 以下）。不能进行快速充电，否则蓄电池可能会发生爆炸，导致伤人。当免维护蓄电池的密度计呈现"亮"区时，说明该蓄电池已接近报废，即使再充电，使用寿命也不长。

三、发电机维护

（一）发电机维护的具体内容

汽车发电机是汽车电器中的重要部件。它具有两大部分功能：供给各用电部分的需要；给蓄电池充电。要想在汽车行驶中使发电机保持恒稳发电状态，应经常性地做好以下养护工作。

（1）发电机皮带的紧度，必须调整适当，再固定校准螺丝，发电机的脚架螺丝应保持一定的紧度。

（2）轴承磨损严重时，应更换新件。如轴承缺乏润滑油，可从油杯口处滴上数滴润滑油，但不宜过多，以防渗入整流器而积垢。

（3）整流器积垢或者烧黑，可用细砂纸磨光。如绝缘体过高，应将其削低，使其低于整流片。

（4）电刷接触面不平，可用细砂纸打平。弹簧软弱，电刷磨损，均需更换新件。电刷太短而无破损，可用垫片塞入支架，使其与整流器密合。

（5）电刷支架绝缘体损坏，需另配新件。

（6）发电机的极柱松动，需适当紧固，如系绝缘不良，应拆下进行修整。

（7）如限制电流过小，可将第三刷顺电枢转向方向移动；如限制电流过大，可将第三刷逆电枢转动方向移动。

（8）要牢固发电机上的防尘圈，不应取掉不用，否则尘埃进入内部，会造成机件故障。

（9）要经常清洁各导线，保持其干燥，防范漏电。

（二）发动机维护的注意事项

使用交流发电机应注意以下几点：

（1）蓄电池的搭铁极性必须与交流发电机搭铁极性一致，否则蓄电池将通过二极管大电流放电，烧坏二极管。

（2）在整流器的 6 只二极管与定子绕组相连接时，严禁用兆欧表或 220 V 交流电源检查交流发电机绝缘情况，否则易使二极管击穿、损坏。

（3）发动机熄火后，应将点火开关断开。否则，蓄电池长时间向磁场绕组放电，会使磁场绕组过热而缩短寿命。

（4）交流发电机运转时，不能用试火方法检查是否发电，否则容易损坏二极管及电子元件。

（5）调节器与交流发电机的搭铁形式必须相同，否则交流发电机将因无磁场电流而不能输出电压。并且二者的电压等级要一致，否则充电系统不能正常工作。

（6）若交流发电机不发电或充电电流过小，应及时排除故障，而且交流发电机与蓄电池之间的导线连接要牢固，否则容易损坏二极管和电子元件。

四、起动机的维修与保养

车辆的启动均须借外力来转动曲轴，然后发动机才能将混合气吸入汽缸内燃烧、爆炸，产生动力，起动机就是为启动发动机而设置的。

驾驶员在启动车辆时，起动机常发生不能转动或转动缓慢的故障，遇有这种情况，应从以下几个方面进行检查：

（1）蓄电池无电或电力微弱，于是出现起动机不能转动或转动缓慢的情况。

（2）起动机线头松动或脱落，开关或吸铁开关失效。

（3）电刷磨损或刷面不正，弹簧无力，以至于整流器接触不良。

（4）磁场线圈或电枢线圈短路和断路。

（5）整流器污损，云母片凸出，造成电刷与整流器接触不良。

在车辆日常保养时，我们还应对起动机做下列检查、维修和保养：

（1）若是开关接触不良，可用细砂纸磨光，如果弹簧或绝缘体损坏，要立即予以更换。

（2）移动杠杆弯曲，应给予校正。

（3）驱动弹簧折断，要配换新件。

（4）套管与驱动齿轮间有污垢阻塞，要将它洗刷干净，同时加入润滑油数滴。

（5）吸铁式的移动杠杆失调，可拆下吸铁开关，旋动杠杆与圆柱体的连杆调整。

（6）启动发动机时，起动机从蓄电池吸取的电流约为 300 A ～ 400 A，因此为避免蓄电池放电过甚和损坏，启动起动机的时间不可太久（约 3 s ～ 8 s）。如一次不能启动，要停止少许时间，再启动第二次；若发动机仍不能启动，可用摇手柄发动，或摇动数圈后再按、踏下起动机。

（7）冬季天寒地冻，启动发动机困难时，应先用摇手柄发动，这不但使发动机得到良好的润滑，而且也较易启动发动机。

（8）各线接头必须旋紧，且保持清洁与干燥。

（9）整流器应按规定定期清洁，如有积垢，可用百洁布蘸汽油擦拭，但必须切断电源，以防引起火灾。

（10）若电刷弹簧软弱或折断，应更换新件。

五、火花塞及其导线的维护

大多数新车火花塞的推荐更换周期在 160 000 km 左右。现在，越来越多的发动机集成了高压线圈式火花塞，以取代传统的导线式火花塞。如果这类火花塞已经使用多年，并由此导致发动机性能恶化，那么必须更换。

更换火花塞时，应尽量使用具有特级金属点火触点（如铂和铱等）的优质火花塞。主要原因是这类材料具有较强的耐用性，可以满足汽车长寿命行驶的要求。安装时，尽量选择预涂有钛覆层的火花塞，这样在下次更换时，只需要用力旋松一圈便可轻松拆除了。

如火花塞上有积炭、积油等时，可用汽油或煤油、丙酮溶剂浸泡，待积炭软化后，用非金属刷刷净电极上和瓷芯与壳体空腔内的积炭，最后用压缩空气吹干。切不可用刀刮、砂纸打磨或蘸汽油烧，以防损坏电极和瓷质绝缘体。

调整多极性火花塞间隙时，应尽可能使各侧电极与中心电极间隙一致，各缸火花塞间隙应基本保持一致。火花塞间隙与使用条件有关，如 CA6102 型汽油发动机，规定火花塞电极间隙冬季为 0.6 mm ~ 0.7 mm，其他季节为 0.9 mm ~ 1.0 mm。

对火花塞进行拆装时应注意以下几点：

（1）拔下高压线接头时应轻柔，操作时不可用力摇晃火花塞绝缘体，否则会破坏火花塞密封性能。

（2）发动机冷却后方才拆卸，当旋松所要拆卸的火花塞后，用一根细软管逐一吹净火花塞周围的污物，以防在火花塞旋出后，污物落入燃烧室。

（3）螺丝周围、火花塞电极和密封垫必须保持清洁、干燥无油污，否则会引发漏电、漏气、火花减弱等故障。

（4）安装时，先用套筒将火花塞对准螺孔，用手轻轻拧入，拧到约螺纹全长的1/2后，再用加力杠杆紧固。若拧动时手感不畅，应退出检查对正、螺口或螺纹中有无夹带杂质，切不可盲目加力紧固，以免损伤螺孔，殃及缸盖。

（5）应按要求力矩拧紧，过松会造成漏气，过紧会使密封垫失去弹性，同样会造成漏气。由于锥座型火花塞不用密封垫，因此遵守拧紧力矩尤其重要。

为了使电器部分不因电器线路故障而烧坏电器元件，车上都有一个保险丝盒，盒内的每一个保险丝都和一个相应的电气线路相连。因此，在某一部分电器发生故障时，首先要检查它的保险丝是否断了。如果断了，就要更换保险丝。更换后如果再次烧断，就表明系统内有短路或其他损坏，必须立刻送汽修厂检修。各个系统的保险丝的允许电流量是不同的，更换时一定要选用同一规格的保险丝。有经验的驾驶员通常会携带一些相应型号的保险丝，以备不时之需。同样，如果经常要夜间行车，带上一些灯泡也很有用。

第二节 电子控制系统的维护

目前，国产轿车基本上都采用了电子控制系统，如 ABS、安全气囊、定速巡航系统等。当这些电子装置的某一部分发生了故障，仅从外表是看不出来的。因此，汽车制造商为了方便用户的使用和维护，普遍设置了电子故障诊断装置。电子故障诊断装置大致分为两部分：一是警告指示灯，装在仪表板上，向驾驶员发出警告，提示他某一部分已经存在隐患，必须及时补充或修理；另一部分是对已经发生了的故障，查出它的故障部位，对故障元件的性能、参数进行检测，以便确定它是否需要更换。

一、警告灯的识别

汽车在正常行驶时，若警告灯亮或蜂鸣器响，均表示要发生故障，需要及时补充或修理，但短时间内汽车仍能行驶。一般情况下，汽车启动时，打开点火开关，各指示警告灯亮，此时电脑控制系统先进行自检，如果各系统正常，警告灯就会熄灭；如果某一个警告灯持续点亮，则表示此系统有故障。

汽车上的警告灯主要有以下几种：

（1）发动机故障警告灯。打开点火开关时警告灯点亮，启动发动机后即熄灭，此时表示发动机各项功能正常。若不熄灭就表示发动机控制系统中有故障。如果灯光闪烁，则说明催化转换器可能损坏，需要及时送修理厂检修。此时如果需要继续行驶，就应降低速度。

发动机故障诊断系统同时负责检查发动机的各个电子控制系统，并把它的各种故障用代码存储起来，便于检修。

（2）润滑油压力警告灯。润滑油压力过低，会使需要润滑的各部件严重磨损，因此警告灯亮时就要及时检查导致润滑油压力降低的原因。如果是油量不足，就要补充润滑油，并检查供油系统有无泄漏；如果润滑油量足够，警告灯仍亮着，那就可能是润滑油滤清器或油路堵塞，应送汽修厂清理。

（3）燃油量警告灯。油箱储量接近下限时，警告灯亮，这时必须添加燃油。切忌把油箱内的燃油用尽，因为电动输油泵就安置在油箱底部，并且靠燃油冷却。一旦燃油用尽，就会吸入空气，在油路中形成气阻，以后即使灌满了燃油，也会因气阻而不能把燃油送往发动机。而且电动油泵没有燃油在周边冷却，也容易因温度过高而发生危险。

（4）冷却液液面警告灯。冷却液液面过低，散热器会过热，甚至"开锅"，影响发动机工作，此时必须立即添加冷却液。但一定要使用同一牌号、规格的冷却液。如果在行车途中发生冷却液液面过低的情况，作为临时措施，也可以添加蒸馏水。但要注意等散热器冷却以后再打开盖子，以免烫伤。

（5）充电警告灯。应及时检查电气线路，查明和消除故障。如果在发动机运行时突然闪亮，应立即停车并关闭发动机，检查发电机的皮带是否松脱或断裂。如果皮带已有破损就要小心驾驶，并立即开到修理厂更换皮带。

（6）制动液警告灯。一般为手制动和制动液液面指示共用。正常时打开点火开关，拉紧手制动杆，警告灯亮；松手后警告灯应熄灭。如果警告灯常亮就表示手制动杆没有放松到底，或者制动液不足，必须添加制动液。

（7）制动片磨损限量警告灯。现代轿车和轻型车采用了前盘后鼓的制动结构，在制动片（摩擦片）磨损到一定限度时，警告灯就会点亮，提醒更换制动片，否则就会造成制动失灵。

（8）ABS 警告灯。当警告灯在发动机启动后不熄灭，或是在行驶中突然闪亮，就表示 ABS 系统出了故障，应及时去修理厂检修。

（9）安全气囊警告灯。当点火开关打开时警告灯应点亮，数秒钟后应立即关闭。如果不关闭或行驶时安全气囊灯开始闪亮，则表示安全气囊有故障。此时并不影响汽车的运行，但是安全气囊将有可能不工作，应立即去特约维修点检查。

（10）正时皮带警告灯。正时皮带一旦断裂会给发动机运行带来严重的后果，因此有的汽车装有正时皮带警告灯。当汽车行驶到一定里程，正时皮带警告灯亮，表示要及时更换正时皮带。

（11）柴油滤清器警告灯。当柴油滤清器沉积杯内积水达到约 200 mL 时，柴油滤清器警告灯亮，需停车把水排出。柴油中有水会影响发动机的运行并增加高压油泵的磨损。

（12）尾灯警告灯。正常行驶时尾灯警告灯亮说明有故障，应立即检查尾灯线路和灯泡。

二、使用随车诊断装置判断故障的常识

为了便于检查电控部分的故障，汽车采用了随车诊断装置（OBD）。它的外形实际上是一个连接许多导线的插座，通过专用的测试仪器，或是连接两个相应的插槽就可以使测试灯按照一定频率闪亮。通过诊断仪或根据仪表板上显示灯的闪烁时间长短，便可读出它对应的数码。这个数码就表达了汽车的故障，从有关的资料上可以查出故障发生的部位和损坏的部件，修理人员进行相应的修理或更换。

进一步检测还可以查出系统中哪一条线路或哪一个元件有故障。如果检测器完备的话，还能把该元件的数据流显示出来，也就是把该元件的各项物理参数都显示出来，

供检测时参考，极大方便了修理和保养工作。

三、电器系统机件保养

（一）氧传感器的使用与维修

电喷发动机控制系统中的氧传感器是现代汽车的一个非常重要的传感器，用来监测发动机排气中氧的含量或浓度，并根据所测得的数据输出一个信号电压，反馈给电脑，从而控制喷油量的大小，它通常安装在排气系统中，直接与排气气流接触。

1.结构及原理

氧传感器一般采用二氧化锆（一种在有氧气的情况下能产生小电压的陶瓷材料）制作敏感元件，即在传感器端部有一个由二氧化锆做成的试管状的套管。传感器内侧通大气，外侧暴露在排气中。发动机排出的废气，穿过装在排气歧管中的氧传感器的端部，与二氧化锆的外侧接触。空气从传感器的另一端进入，与套管的内侧接触。套管的内外表面覆盖的薄层多孔铂作为电极，内表面是负极，外表面是正极。铂起催化作用，使排气中的氧与一氧化碳反应，减少排气中的含氧量，提高传感器的灵敏度。一般在外侧电极表面还有一个多孔氧化铝陶瓷保护层，它可以防止废气烧蚀电极，但废气能够渗进保护层与电极接触。

氧传感器的工作原理与干电池相似，传感器中的氧化锆元素起类似电解液的作用。其基本工作原理是：在一定条件下（高温和铂催化），利用氧化锆内外两侧的氧浓度差，产生电位差，且浓度差越大，电位差越大。大气中氧的含量约为21%，浓混合气燃烧后的废气实际上不含氧，稀混合气燃烧后生成的废气或因缺火产生的废气中含有较多的氧，但仍比大气中的氧少得多。

在高温及铂的催化下，带负电的氧离子吸附在氧化锆套管的内外表面上。由于大气中的氧气比废气中的氧气多，套管上与大气相通一侧比废气一侧吸附更多的负离子，两侧离子的浓度差产生电动势。当套管废气一侧的氧浓度低时，会在电极之间产生一个高电压（0.6 V ~ 1 V），这个电压信号被送到ECU（电子控制单元）放大处理，ECU把高电压信号看作浓混合气，而把低电压信号看作稀混合气。根据氧传感器的电压信号，电脑按照尽可能接近14.7∶1的理论最佳空燃比来稀释或加浓混合气。因此，氧传感器是电子控制燃油计量的关键传感器。氧传感器只有在高温时（端部达到温度300℃以上）其特性才能充分体现，才能输出电压。氧传感器温度在约800℃时，对混合气的变化反应最快，而在低温时这种特性会发生很大变化。

2.使用及检修

氧传感器有多种形式，接线有一根、两根、三根、四根。使用装有加热元件的加热式氧传感器时需要按照规定里程或时间间隔定期检测或更换。检测时有的要求用扫描仪器来测量氧传感器的输出，有的可用数字电压表检测输出电压信号随混合气浓度变化的情况，以及 ECU 对电压信号的反应。发动机在正常工作温度时，氧传感器如果不能随混合气的浓度输出相应的电压，则证明已失效，需更换。氧传感器失效会导致混合气过浓或过稀，出现怠速不稳、油耗过大、排放过高等故障，此时发动机故障自诊断系统将点亮汽车仪表板上的发动机警告灯，提示要立即检修。

氧传感器失效原因有两个：一是已到使用期限（正常寿命约 110 000 km）；二是碳烟、铅化物、硅胶、润滑油等物质沉积在氧传感器上，造成失效。更换氧传感器时应先用丝锥等工具清除排气管上安装螺纹孔内的污垢和毛刺，安装拧紧力矩为 15 N·m ~ 25 N·m。

应避免在氧传感器附近使用橡胶润滑剂、皮带油或者含硅的喷剂。硅化合物会堆集在传感器通大气一侧，造成不正确的电压信号，使电脑误以为是稀混合气信号，而将混合气调整得过浓。使用含铅汽油则效果正相反，铅化合物堆集在传感器通废气一侧，使电脑误以为是浓混合气信号，而将混合气调整得过稀。检测时不要用模拟（指针）式电压表，因其内阻小，通过的检测电流足以烧坏传感器。不要短接二线式氧传感器两接柱，或将单线式的输出导线接地，以免造成传感器损坏。

（二）风挡雨刮及清洗系统的维护

雨刮器推荐维护周期为 6 个月或 10 000 km，事实上，该数值恰好与大多数雨刮器正常工作寿命吻合。由于风挡清洗器时常与雨刮器并肩作战，所以对清洗器施行与雨刮器同步的维护是至关重要的。

更换磨损的雨刷条自然要比更换整只雨刮片花费少，但这并不是一种好方法。通常，雨刮片具有 4 ~ 6 个悬挂夹持点，如果其中某一夹持点活动不够灵活，就必将影响到雨刷和风挡玻璃的贴合性，从而导致雨刮器工作性能降低。当悬挂铰接出现卡死故障时，严重变形的雨刮片甚至会失去正常的刮水功能。但在实际操作中，人们又很难准确的定性判别悬挂铰接的转动性，因此更换整只雨刮片不失为一种安全可靠的维护策略。更换雨刮片时，务必遵循成对原则，因为这有利于实现雨刮片的磨损程度和视野清晰程度保持一致。在维护前风挡雨刮器时，切不可忽略汽车的尾部雨刮器。

更换雨刮片后，首先确认清洗器储液罐中的清洗液是否足量，然后打开清洗器来检验新刮片的刮拭性能。如果刮拭后留有痕迹或颤纹，需从风挡玻璃上轻轻地抬起雨刮臂，并根据其压力变化的状况决定是否更换雨刮臂。假如此时其弹性压力极不稳定（甚至还出现跳跃性变化）或者其弹簧已经锈蚀，则需要成对更换雨刮臂。

当清洗器水泵不能运转时，首先要检查其电器配线终端是否通有电流以及接地是否良好。如果上述的检查结果正常，则表明是水泵出现了故障，应该及时更换一只新水泵；如果水泵电机可以运转，则首先拔下水泵管颈处的软管，然后启动水泵电机以确定该水泵是否可以工作；如果水泵能够工作，而清洗器喷嘴处无液体喷出，此时应首先判断管道是否存在故障。在维护其他系统时不慎对其管路造成扭结或挤夹，抑或某些管路中的单向阀发生了故障，都可能造成清洗器管路堵塞，导致喷射流量减弱，甚至无液体喷出。假如液体喷射力降低是由喷嘴引起的，那么可以用细小的针捅开喷嘴堵塞物或换上新的喷嘴。更换新喷嘴的操作极其简单，只需要将旧喷嘴从其凹槽上拔下，然后重新装上一只新喷嘴即可。

（三）电动车窗保养

车窗玻璃的污损不仅会影响外观，还会影响视野，过分脏污更会影响电动开关车窗的动作。为了防止雨水流入车内，窗框上端附有橡胶带，这里也是经常与玻璃接触的地方。玻璃污损后与橡胶带的摩擦增大，开关也会受到影响，为使玻璃顺利滑动，应尽量减少阻力。玻璃的污损也会成为阻力，所以应经常保持车窗的洁净。电动开关车窗动作不顺畅的原因多为车门内部升降机里的润滑油耗尽，因此应取下内盖加上油。若是玻璃完全不能上下，则有可能是开关故障。如果是开关的故障，只能更换马达。如果车窗上的电子装置失灵，应检查电动车窗的保险丝。

为内部机械装置加油之前，应先取下内盖，剥开下面防水用的塑料纸，随后取下隐蔽螺丝钉，拆下快动开关，在车窗齿轮的内部喷上油脂。一边上下移动，一边喷涂，可以使很细小的部分也能涂上油脂。

完成内部处理，支撑玻璃两端的橡胶部分也需要检查。玻璃的滑动状况差时，可涂上橡胶保养剂。

目前，汽车普遍使用电动刮水器，在使用中稍有不当，可能造成刮水器部件的损坏，从而影响雨天驾驶的视野。为此，在使用刮水器时应注意以下几个方面：

（1）定期检查雨刮器片，当发现其严重磨损或有脏物时应进行更换或清洗，否则会降低雨刮器的工作效能，影响驾驶员视线。可用蘸有酒精清洗剂的棉丝清洗雨刮器，雨刮片不可用汽油清洗和浸泡，否则会引起变形，影响其工作效能。

（2）在试验雨刮器工作情况时，风挡玻璃应该先用水润湿，否则会刮伤玻璃，若刮片摩擦阻力大，还有可能损伤刮水片或烧坏电动机。在试验时应注意电动机有无异常噪声，当刮水器电机"嗡嗡"作响而不转动时，说明雨刮器机械传动部分有锈死或卡住的地方，应立即关闭雨刮器开关，以防烧毁电机。

（3）当断开使用中的雨刮器开关时，雨刮器刮片应能自动回到风挡玻璃的下侧之后停止。错位无法回到原位时，可用转动自动停止器盖的方法进行调整。调整时，顺时针转动，停止位置上移；逆时针转动，则停止位置下移。

（4）在冬季使用雨刮器时，若发现雨刮片被冻结或被雪团卡住，应立即关闭开关，在清除冰块、雪团后方可继续使用，否则会因刮水片阻力过大而烧坏其电机。

（5）雨刮器电机一般不要拆下，若因故障必须拆卸时，要防止电机跌落损坏，因为雨刮器电机大多利用永磁直流电机，其磁极多采用陶瓷材料，不耐磕碰。

（6）雨刮器电机大多做成封闭式，不可随意拆卸。若必须拆卸，装配时需要保持内部的清洁，不可将铁屑之类的污物落下。装配时还要注意向含油轴承的毛毡上加注少许润滑油，并更换或补充减速器内的润滑脂。

四、车外灯具的维护保养

检查车外灯具灯泡故障是一项极其迅速又简单的工作。但是，对车外灯具进行全面系统的维护并非那么简单。

维护车外灯具对驾驶者至关重要，因为这不仅影响行车的舒适性，还直接关系到行车的安全性。通常在得到提醒之前，车主很难意识到前大灯、尾灯、转向灯或驻车灯不能正常进行工作。更多情况下，车灯的故障绝不仅限于灯泡烧坏、插座锈蚀或插头损坏这一类的小问题，往往需要采取专业的诊断技术来分析故障发生的根本原因。

如果汽车配备了日行灯系，必须先了解这些装置的工作原理。例如，某些汽车在发动机启动之前，其日行灯不能打开；还有一些汽车，如果驻车制动尚未取消，纵使发动机已经启动，其日行灯依旧不能正常工作。如果车辆装备了光控灯（当外界光线暗淡到一定程度时，系统自动开启前大灯），不妨检查一下感光性从最弱到最强状态下车灯的工作情况。当然也不要忽略检查自动关闭计时器，如果系统装备有一只计时器，请将其设置为最大延时。

如果前大灯损坏，通常采用类似的灯具进行更换。有些汽车装备了高强度放电前大灯，该设备通过其预先设计的电子系统产生的高压电弧放电生成高密度光源。注意，普通的石英—卤素灯泡不能在此应用。另外，还要检查前大灯镜头是否有裂纹，虽然表面裂纹并不会影响前大灯的照明性能，但湿气会沿着裂缝渗入灯具内，缩短灯泡的使用寿命。

前大灯光照方向的校准也应列入维护项目清单中，为了保证驾驶员行车的最大安全，前大灯必须能够为行驶车辆提供良好的前向照明。

正常情况下，两侧前照灯光束不应分散或上下错位，也不应直射前方，以免使迎面来车的驾驶员炫目或者车前近处照明亮度不足。但由于种种原因，如更换灯泡、灯座及反射镜的调整螺钉松动等，都会引起光轴跑偏，因此必须进行检查和调整。

（1）按规定将轮胎气充足，让汽车处于空载状态并停放在平坦的场地上，确保车身水平正直，车头正对墙壁或特设的屏幕，使前照灯配光玻璃与墙壁或屏幕间保持10 m 的距离。

（2）紧固前照灯螺钉，擦净配光玻璃。

（3）测量出左、右前照灯的离地高度 h，用粉笔在墙壁或屏幕上标出一条高度为

80% h 的水平线。

（4）画两条中垂线，分别与汽车左、右前照灯对正，这两条中垂线与 80% h 水平线的交点 F1、F2 即是前照灯光轴焦点（注：F1、F2 两点间的距离等于汽车左、右前照灯之间的距离）。

（5）闭合灯光开关，观察灯光光束中心是否处在 F1 或 F2 点上（可分别遮住其中一侧前照灯进行检查）。如有偏差，应进行调整。

（6）调整时，可拧动前照灯的上下、左右调整螺钉，或转动前照灯亮体，进行上、下、左、右的调整。

若不具备上述检查条件，也可用以下简易方法检查：夜间将车停在直而平坦的公路中间，闭合灯光开关，用变光开关接通两只前照灯的近光，遮住一只前照灯，检查另一只前照灯的光束是否照射在车前约 30 m 处的路面中央，如有偏差，应进行调整。然后，再用同样的方法检查和调整另一只前照灯。

抓住关键之余，切不可忘记检验其他灯系，如转向灯、车牌照明灯、示宽灯、驻车灯、倒车灯以及制动灯（包括中间高位制动灯）等。另外，许多车辆还将雾灯作为标准装备或流行的选装件，雾灯一般安装在汽车上较低的位置，因此极易受到石块的损伤，在对其进行维护时，除了检查照明系统本身外，车灯镜头的裂纹也不应被忽视。

五、电气插接件的维护保养

汽车上除了极少数重要的电气插接件采用金触点，其余大部分接头都采用铜—锌合金，在正常情况下，铜—锌合金的可靠性是有保障的，但如果车子长期在高温、高湿、颠簸的环境下运行，这些接头就有可能出现松动、锈蚀、接触不良等问题，电气故障也由此而产生。因此，在例行保养时，应着重检查车上的电脑、传感器、喷油嘴等部件的接头。

在对整车电气插接件例行保养时，首先拆卸下插接件，然后用水砂纸打磨，除去锈迹，最后插紧电气插接件。

第七章　换季保养

一年四季，夏、冬两季温差巨大。夏季，气候炎热，环境温度高，发动机的工作温度也相应较高，润滑油则变稀；而冬季的润滑油则变稠（黏度增加），这种变化直接影响汽车各部件的润滑效果。因此，随汽车使用季节的变化进行换季保养，才能保证使汽车正常运行。

第一节　春季保养

春季用车时要做好汽车的"三防工作"，即防水、防菌和防疲劳驾驶。雨水中的酸性成分对汽车的漆面具有极强的腐蚀作用，久而久之就会对汽车的漆面造成损害，因此在雨水较多的春季，保养一定不要忽视汽车的防水工作。在进行换季保养时，最好能进行一次漆面美容。最简单的是打蜡，更长久、有效的是进行封釉美容。无论何种方法，都能防止漆面褪色老化。

春季气温升高、空气潮湿，是各种病菌繁衍生长的季节，因此要特别注意汽车室内的防菌工作，要让汽车室内保持干爽、卫生，特别是对汽车坐垫、出风口这些卫生死角更要做好清扫工作，保持车内环境干爽、整洁。

新年刚刚过去，很多人还停留在春节长假的气氛里打不起精神来，疲劳驾驶者不少，同时春季也是容易犯困的季节，因此春季开车，不但要避免疲劳驾驶，在出行中也要控制好车速，尽量避免一些危险的驾驶动作和不良的驾驶习惯。

一、春季保养的主要部位

春季保养的主要部位包括：

（1）汽车漆面。春季雨水较多，雨水中的酸性物质会损害汽车漆面，因此要特别注意保护好汽车漆面。

（2）底盘。长假期间自驾出游回来后，一定要做好汽车底盘的检查工作。

（3）拆洗气缸和散热器的放水开关。清洗发动机水套，清除冷却系中的水垢，检测、调试节温器效能。

（4）润滑油。将发动机、变速器、转向机、后桥等处的冬季用润滑油（或低温区用润滑油）更换为夏季用润滑油。

（5）调整化油器。将真空加浓器活塞杆上的弹簧卡向下移动一道或两道环槽，使弹簧张力减小，延迟真空加浓器参加工作的时间。

（6）检查蓄电池，看看电力是否充足。

（7）轮胎。汽车轮胎是自驾游期间最任劳任怨的部位之一，因此回来后一定要给汽车轮胎做一次系统的检修工作，最好是做一次四轮定位。

二、春季车内饰需注意

洗涤车内饰时应选用中性的界面活性剂，如皮革、绒布清洗剂，清洁内饰表面，柔化纤维。过脏的地方需用渗透剂去除难洗的污迹。注意，仪表台只能干洗，因控制电脑、音响等怕水，洗涤时必须反复用抽水机清洗。抽水机可边喷水边抽水，不会把水渗透到布面深层，还可洗掉清洁剂，吸干水分。否则水分残存车内部，无法蒸发，时间长了会造成车内部腐烂、生锈。空调出口、音响等细小部位清洗比较烦琐，但也要耐心处理。一般拆下清洗比较彻底。最后，皮革部分还要上皮革保护剂，增强亮度，延长使用寿命。

第二节　夏季保养

在爱开车窗的夏天，车里很容易进灰尘，尾气等各种有害气体及污染物更会附着在绒布织物面料的座椅上和顶棚上。一段时间以后，车里就会变得又黏又脏，甚至有异味。所以关注汽车的夏季保养十分重要。

一、夏季保养的注意事项

汽车夏季保养的注意事项有：

（1）防止爆胎。夏季路面温度较高，汽车轮胎的使用环境更加恶劣，因此一定要做好汽车轮胎的检查和保养工作，防止爆胎。

汽车在高温条件下行驶时，由于外界气温高，轮胎散热较慢，并且气压也随之相应地增高,易引起轮胎爆破。因此,在高温条件下开车要注意轮胎的温度和气压,若发现缺气,应及时补足,绝不可勉强行驶。汽车轮胎温度过高时,切不可用泼浇冷水的方法降低轮胎温度,否则会因胎面和胎侧胶层各部分收缩不均而产生裂纹。汽车爆胎后不要立即踩制动。

（2）检查制动系统。夏季多雨,潮湿的路面会使轮胎和路面之间的摩擦系数降低,特别在是轮胎花纹处有积水的情况下,摩擦系数更低,此时一个灵敏的制动系统就显得格外重要。因此,在夏季来临之前,需检查一下汽车的制动系统,尽量做到有备无患。

（3）提防汽车"自燃""自爆"。操作不当或存在安全隐患都是汽车自燃的主要原因。夏季气温较高,汽车自身的故障率也大大提高,因此应该做好汽车的检查工作,重点检查汽车的油电等线路,防止发生自燃现象。

（4）润滑不良。夏季温度较高,汽车润滑油易受热变稀,抗氧化性变差,甚至容易出现烧瓦抱轴等故障。因此,应该经常检查润滑油数量、油质情况,并及时更换,同时最好不要混合使用不同品牌的润滑油。

（5）正确使用空调。夏季气温升高,空调的重要性凸显,在使用空调中时定要注意以下事项,否则容易损坏空调或造成不必要的油电浪费。

首先,温度不要调得太低。温度调得太低,不仅会影响身体健康,还会增加发动机的压力。一般车厢内外温差在10℃以内为宜。其次,在车内温度很高的时候,不要马上就使用空调。一般要先把所有车窗都打开,让热气排出去,等车厢内的温度下降后,再关闭车窗,开启空调。最后,当空调不制冷或制冷效果不良时应该尽早检修,一般空调检修只需要花费200元~300元,如果要大修,则需要4000元上下,因此有故障一定要及时处理。

（6）防蒸发。夏季气温较高,油和水的蒸发都会增加,因此一定要把油箱盖盖严,防止油管渗油;要经常检查水箱的水位,曲轴箱的润滑油油面、高度,以及制动总泵内的制动液液面高度及蓄电池内电解液密度和液面高度等。发现不合规定时,要及时添加和调整。夏季天气热,有的驾驶员一看到水箱出现"开锅"现象,就担心发动机温度升高,立即熄火加水。这种做法是错误的,极可能造成汽缸受冷而出现开裂现象。如果出现水箱"开锅"现象,一般正确的做法是立即停车,让发动机保持怠速空转,继续散热,同时打开发动机罩,提高散热速度。待冷却水温度降低后,再将发动机熄火。此时如果冷却水数量不足,应缓缓添加,以防气缸盖因骤然受冷而出现开裂。

（7）防混合气过浓。由于气温高,汽油容易流动、蒸发,导致混合气过浓。因此,应调小量孔,调整加速装置与节气门摇臂连接的位置,适当降低浮子室油面高度,以减少供油量。

（8）夏季也用防冻液。到了夏季,一些人认为防冻液用不上了,其实这种想法并不正确。专业配制的防冻液不但耐低温,也耐高温。优质防冻液在接近200℃时才能被"烧开",夏季使用防冻液,驾驶员就不容易被汽车水箱"开锅"问题困扰了。除此之外,防冻液还有防锈、除垢作用,因此夏季仍需选用原厂防冻液,它能发挥"防暑降温"的作用。

二、夏季保养汽车计划

由于夏季气温高、湿度大,所以车的保养也与其他季节有所不同,要专门针对夏季做一些特殊的保养项目。

(一)每日养车计划

每日养车的计划包括:

(1)检查外观,查看全车漆面是否有新的划伤,以及玻璃状态、后视镜、前后车灯的状况等。

(2)目视四个轮胎的胎压情况。如果某一轮胎胎压低,应及时补充并查明原因。

(3)目视车下的地面上是否有油、水迹。一旦发现有,应查明原因修复后再行驶。

(4)进入驾驶室,启动马达着车后,需要观察仪表盘上指示灯的工作情况,有无警告灯闪烁或常亮。

(5)检查雨刷片是否正常工作。

(6)检查转向信号灯是否正常工作。

(7)观察在启动过程中和着车后,发动机是否有异常声音。

(8)行车前,应先踩几下制动踏板,感觉制动踏板高度是否正常。

(二)每周养车计划

经过一周的行驶,在每日检查的基础上,需要增加以下几个方面的检查:

(1)检查润滑油油面及其他各种液面的高度,若发现问题,应及时解决。

(2)检查备胎的气压情况,具体数值需参照主机厂的要求。

(3)检查全车外部的灯光情况,特别是后部制动灯,如有灯泡不亮,应及时更换。

(三)每月养车计划

经过一个月的行驶,车辆在每周检查的基础上,需要增加以下几个方面的检查:

(1)检查皮带有无裂纹、松紧是否正常,如出现裂纹或异常应及时更换。

(2)发动机的密封性。主要检查发动机表面有无渗漏现象。

(3)目视水箱与冷凝器间是否有脏物堵塞。如果其间隙中有污垢,将会影响空调的制冷效果,需要及时清理。

(4)检查雨刷条的清洁程度和喷嘴的方向。在操作清理前风挡时,发现雨刷片刮不干净时，需尽快更换雨刷片。

（5）检查所有轮胎的气压，包括备胎。

（6）检查轮胎的花纹深度及磨损情况。轮胎花纹的极限磨损深度为 1.6 mm，轮胎胎面应磨损均匀，如出现偏磨或者磨损异常，需要到维修站进行检查和调整，如果磨损严重，需更换轮胎。

（7）检查电瓶接头表面是否有腐蚀物，如有白色或绿色污染物，及时清洁。

第三节　冬季保养

如果能做好汽车的冬季保养，再加上正确的操作，车辆在冬季的许多故障是可以避免的。

一、冬季汽车的驾驶

冬季恶劣的气候条件给车辆驾驶带来了许多不利因素，最常见的有冰雪天和浓雾天。

（一）冰雪天行车

汽车在冰雪道路上行驶，因路面的附着力小，制动距离增长，车辆的抗滑性几乎等于零，极微小的力作用在车轮上就会引起打滑，因此冰雪天行车要做好防滑工作。采用的措施如下：

（1）备好防滑用具。行车前准备好铁锹、镐头、三角木等防滑用具，亦可套上防滑链，避免打滑。行车时要集中精力，谨慎驾驶，发现情况提前处理。

（2）平稳起步。由于冰雪路面附着力小，驱动轮易打滑，在起步时，离合器应该稍加停留，节气门配合要适中，使发动机在不停火的条件下输出较少的动力，以降低驱动轮的扭力，适应较小的附着力，避免起步打滑。

（3）车速适中。驾驶员应根据车辆状况、路面状况和自己的驾驶水平，掌握车速，合理使用挡位，换挡动作要准确、迅速、平稳。车辆上坡时要根据坡度，采用比正常使用低一级的挡位，减挡时要较平时提前，下坡时主要靠发动机和驻车制动器控制车速，转弯时应放慢车速。

（4）正确使用制动。在制动时，动作应该轻柔，一般方法是缓缓踏下制动踏板，待身体稍有前倾的感觉，保持踏板位置或抬起少许，以消除车辆前冲的惯性，切不可使用紧急制动。

（5）当车辆陷入冰雪或泥泞中，致车轮滑转时，设法降低轮胎气压，可以获得较大的附着力，以摆脱困境。当汽车驶出陷车处时，应立即将轮胎充气至正常。有时也可找一块尼龙织物或地毯由前方塞入失去附着力的轮胎下面，帮助汽车驶出陷车处。

（二）雾天行车

雾天，由于视线较差，驾驶员要特别小心，为了在雾区安全通过，需要注意以下几点：

（1）打开车灯。由于视线差，应尽量打开雾灯、近光灯及紧急制动灯来警告前后的车辆，同时开动雨刷及前后挡风玻璃的除雾器，驱除玻璃内外的雾气和水滴。

（2）放慢车速。汽车一进入雾区，不管雾是浓或薄，是断还是续，应将车速放慢，拉开与前车之间的距离，以增加应变的时间。如果雾较大，最好就近找个安全的地方停车，原地休整。

总之，只要换季工作做得得当，加之谨慎驾驶，就能度过冬季这一交通安全的敏感期。

二、冬季汽车的维护

冬季汽车的维护主要有以下几个方面：

（1）更换冬季用的润滑油。随气温的下降，润滑油的流动性会变差，从而导致机件运动时摩擦阻力增大，冷启动困难，甚至"烧瓦抱轴"。在冬季来临时，应及时更换冬季用的润滑油。

（2）更换冬季用的齿轮油。将变速器、分动器、差速器、转向器内的齿轮油，换成冬季用的齿轮油；清洗轮毂轴承后，加入黏度较低的轴承润滑油。

（3）勤查蓄电池。在寒冷的冬季，汽车的耗电量要比其他季节大得多。在寒冬到来前要对汽车的电池进行护理，清除电瓶桩头上的氧化物，补充蒸馏水。

低温会使蓄电池容量降低。如果蓄电池使用时间较长，应将蓄电池送到修理厂进行充电，使蓄电池保持良好的使用状态。

出车时，最好先点火，在发动机工作后再开车灯、收音机等电器，停车时则要先关各种电器，再关发动机。发动点火不着时，等候30 s左右再次发动，切忌心烦气躁、连续点火，以防耗尽电能。一般电瓶的寿命是两到三年，如果已接近使用寿命，最好更换新电瓶。

（4）检查阻风门。如果汽车装有阻风门，应检查操纵机构开闭是否灵活。实际使用中，自动阻风门（依靠水温或电加热线圈工作）的故障率远远高于手动阻风门。这一装置出现故障，冷车启动将变得十分困难。

（5）调整混合器加热阀。有预热混合器装置的汽车，应将进排气歧管上的预热阀门拨到冬季的位置。

三、车辆各个系统的维护

冬季最常见的故障是发动机不启动，引发此故障的主要原因有：

（1）润滑油黏度大，甚至凝结，流动性差，使发动机启动阻力增大，难以达到启动所需的转速。

（2）蓄电池容量及端电压显著降低，使发动机得不到所需的输出功率，达不到启动转速的要求。

（3）燃油黏度大，蒸发性变差，雾化不良，使发动机转速低；进气管内气体流速减慢，混合气难以达到可燃的浓度。

在冬季，只要汽车维护得当，车辆故障是可以避免的。冬季的汽车维护，主要包括点火系统、燃油系统、冷却系统、润滑系统和电气系统的维护。

（一）点火系统的维护

点火系统的故障是高压线路潮湿或沉积的污垢引起的，会造成发动机无法启动。应清洁分电器盖（里面与外面）、高压线、点火线圈及火花塞。在清洁时，应注意点火系统在高压下工作的高压线路较 12 V 以下的低压线路更易漏电，可以采用一些防水措施，如用硅胶溶液来密封易进水的部分，也可以用橡胶手套来密封电器盖，将高压线由手套的指缝处穿出。对于装用机警断电器点火系的汽车，如果行驶路程已超过 10 000 km，最好更换一副白金触点，这样火花就会更强。如果点火系统是全电子的，同样要注意防潮，应检查所有短线的端头及多线连接盒，保证它们不被水侵蚀。

（二）燃油系统的维护

冬季燃油选用不当会导致车子无法发动。尤其是柴油车，装备柴油发动机的车辆冬季绝对不能使用 0 号柴油，而要使用 35 号以上的柴油。柴油的标号表示的是柴油的凝固点，如 0 号柴油表示该柴油在 0℃就会凝固，而 35 号柴油表示这种柴油的凝固点在零下 35℃。在我国的大部分地区，冬季使用 35 号柴油就可以了，但在某些高寒的地区要使用 40 号或更高标号的柴油。柴油中含有石蜡，一旦凝固无法流动，车子自然难以发动。

除了更换柴油及柴油滤清器外，入冬前还应放净油水分离器中的水，因为油水分离器结冰在冬季也是一件使人头疼的事。冬季，一旦柴油凝固，绝对不能用明火烘烤，而要用热水或热蒸汽加热，如果没有条件只能把车推到暖和的地方自然解冻，对于汽油车，只要在换季时更换一下汽油滤清器即可。

装有化油器的车辆，入冬前可以适当调整化油器，使混合气变浓，以利于冷车启动。如果车子装有手动阻风门，应检查操纵机构开闭是否灵活，如果是自动阻风门（比如靠水温或电加热圈工作），就更要检修一下。如果在冬季遇到车子启动困难的情况，一定不要往进气管中倒汽油，这是非常危险的；如果有必要，可以往进气管中喷一些启动液，一般装有燃油喷射系统发动机的汽车冬季启动则要顺利得多。

（三）冷却系统的维护

冬季冷却系统也容易发生问题。在冬季换季保养时，许多人只知道换防冻液（有预热阀的可将阀调到"冬"字），却忽略对冷却系统进行一次仔细的检修。夏季，一些车辆出现水温偏高的故障，修理厂常常将节温器摘掉或把风扇离合器铆死，而经这样处理的车子到了冬季往往水温偏低。水温偏低对发动机的损害同样很大，因为水温低，汽油雾化不良，油滴进入汽缸会冲刷缸壁上的润滑油，造成润滑油变稀，加剧发动机的磨损。

（四）润滑系统的维护

许多人只知道在换季时换润滑油，却不知道冬季发动机对润滑油的标号液有一定的要求。一般来说，20W 以上牌号的润滑油称为夏季润滑油，15W 的润滑油称为四季润滑油，而 10W 以下的润滑油在冬季使用最好。因此对于绝大多数车辆来说，在冬季可使用 15W 的润滑油；在某些严寒地区，还可选用专门的抗冻润滑油。

（五）电气系统的维护

入冬前，应对车辆的电气系统做彻底的保养。一是检查电瓶，一般电瓶的使用寿命为 2 年～3 年，个别的不超过 5 年。如果已接近使用期限，最好及时更换；如继续使用，应检查电解液是否充足，密度是否正常，充好电的电解液密度是 1.28，如果亏电，密度就会下降。亏电的电瓶不仅启动困难，而且容易冻裂，因而冬季应经常给电瓶充电。

除此以外，换季保养时还应检查一下暖气、除霜装置，应在风挡冲洗罐内加入少量的酒精，以防冻结；应保持轮胎的胎面花纹具有一定的深度，冬季最好使用"M+S"花纹的，花纹深度应该在 2 mm 以上。必要时，可装用防泥泞、冰雪的轮胎，这种胎面的花纹在冰雪、泥泞中有更好的附着性，但它不适用于正常的潮湿路面。

四、冬天出行前对汽车的保养事项

冬天出行前对汽车的保养事项有：

（1）检查轮胎。除确定胎压外，还要检查备胎的胎压。同时，也要检查轮胎的情况，看看胎壁有否裂缝、破损或鼓起的小包。如有上述状况，必须立刻到专业的保养站处理。

（2）检查雨刷。若有毁损，及时更换，并且加满引擎盖内的防风玻璃清洁剂，以便使用。

（3）检查电池。应更换过于老旧（五年以上）的电池，以免寒冬发动困难。

（4）检查解冻剂及润滑油是否足够，传动皮带是否有耗损。同时也要经常检查水箱，以免过热而造成引擎故障。

（5）清除玻璃上的冻冰。停在车库外的汽车，经过寒夜，都会在玻璃上结成一层厚厚的冰霜，但切勿使用热水解冻。天寒地冻，热水一倒出，又马上结冰，反而增加解冻困难，欲速则不达。此时可以先发动引擎，打开车中的暖气，使之慢慢解冻。同时，可用刮冰雪的薄片慢慢自冰缝间铲除冰块。

五、雪后护理

泥水里夹杂着盐分和多种碱性成分，溅到车身上、底盘上，如果不及时清洗，会腐蚀车漆及汽车底盘。

雪后马上洗车，会对汽车起到很好的保护作用，但在街边提桶擦车的方法是不正确的，因为水桶里夹带的泥沙会划伤车漆，而且只用清水是无法洗净泥水里的盐分和碱性物质的。此时建议做汽车底盘的清洁防锈护理，用洗车机彻底冲净底盘并马上进行烘干，再由专业人员用专用汽车底盘防锈剂进行防锈处理。

六、冬季保养的注意事项

（一）玻璃去雾

在冬天驾驶车辆，特别是驾驶员刚上车时，前风挡玻璃内侧容易起雾而影响视线，即使反复擦拭，还是会不断起雾，特别影响行车安全。以下简单介绍防雾和快速除雾的方法：打开空调开关；将出风口选择旋钮转到吹前挡风玻璃的位置；关闭或减小三个上出风口，将风量调整旋钮转到合适的位置。如果外界空气干燥，空气良好，应选择从车外进气；反之可以选择车内空气循环。另外，可以使用专用的玻璃防雾剂，如果没有专用的玻璃防雾剂，也可以使用家用的玻璃洗剂，或用洗洁剂代替，先用它润湿干净的擦布，擦拭风挡玻璃的内表面，再将玻璃擦拭干净。

（二）天窗使用

在冬季使用天窗时应注意以下几点：

（1）因车内温度较高致使天窗周围冰雪融化，而隔夜后再启动天窗极易冻住天窗玻璃和密封胶框，如果强行打开天窗易使天窗电机及橡胶密封条损坏，应待车内温度上升，确认解冻后再打开天窗。

（2）冬季洗车，天窗边缘残留的水分会在车辆行驶过程中冻住，所以洗车后应打开天窗，擦干残留水分。

（3）电动天窗设有滑轨，冬季应经常清理滑轨四周，避免沙粒沉积，清理后涂抹少许润滑油。

（三）汽车轮胎使用常识

在冬季恶劣的路面情况下，平时用的轮胎花纹（以下简称胎纹）较浅、幅面较宽的轮胎，车子就很不好控制。在冰雪天，尤其是积雪深度还没有陷住车轮的时候，宽胎的附着性能比窄胎要差，这和在干燥路面上的情形不同。因为冰雪地面软，轮胎的花纹会使冰面变形而相互咬合，牵引力主要依靠胎纹插入冰雪面相互咬合而获得，并不是简单地根据摩擦理论来计算。宽胎因接地面积大、压强小，花纹不能插入冰雪面，牵引力反倒小于窄胎。这点和在干燥路面上靠轮胎与地面接触面的摩擦来提供牵引力完全不一样。至于那种在积雪很深、有可能陷住车轮的情况下，最好用宽大的轮胎。

胎质和胎纹对雪地的牵引力有决定性的影响。夏季胎在冬天气温低的情况下几乎没有牵引力，雪地胎有很深的胎纹，但也只有在低温的时候才能表现出附着力佳的优势。另外，新胎和旧胎有天壤之别，那种磨损厉害的轮胎，哪怕是越野胎，也无法在冰雪路面上发挥作用，所以轮胎要根据磨损情况及时更换。

后轮驱动的车在冰雪地上的附着性能极差，这是由于后轮负重较小，而且转弯时后轮有和前轮对抗的特性，因此后轮极易打滑甩尾，所以冬季的后轮驱动车最好用冬季胎。一些大马力的后轮驱动车，即使装上了冬季专用胎，冬季性能还是比前轮驱动车要差。

（四）柴油机冬季使用

柴油机在冬季使用注意以下几点：

（1）忌放水过早或不放冷却水。熄火前以怠速运转，待冷却水温度降至60℃以下，水不烫手，再熄火放水。若过早放掉冷却水，机体在温度较高时突然受冷空气侵袭会产生骤缩，出现裂纹。放水时应将机体内残存的水彻底排出，以免其结冰膨胀，使机体胀裂。

（2）忌随便选用燃油。冬季低温使柴油的流动性变差，黏度增大，不易喷散，造成雾化不良，燃烧恶化，导致柴油机的动力性和经济性能下降。故冬季应选用凝点低和发火性能好的轻柴油。一般要求柴油机的凝点低于本地当前季节最低气温7℃～10℃。

（3）忌用明火助燃启动。不能把空气滤清器取下，用棉纱蘸上柴油点燃后做成引火物置于进气管内实行助燃启动。否则在启动过程中，外界的含尘空气就会不经过滤而直接吸入气缸内，造成活塞、气缸等零件的异常磨损，还会造成柴油机工作粗暴，损害机器。

（4）忌用明火烘烤油底壳。否则会造成油底壳内的润滑油变质，甚至烧焦，润滑性能降低或完全丧失，从而加剧机器磨损。冬季应选用低凝点的润滑油，启动时可采用机外水浴加温的方法来提高润滑油温度。

（5）忌启动方法不当。有的驾驶员为能够快速启动柴油机，常采用无水启动（先启动，后加冷却水）的非正常启动方法。这种做法会对机器造成严重损害，应禁止使用。

正确的预热方法是先将保温被罩在水箱上，打开放水阀，向水箱内连续注入60℃～70℃的清洁软水。用手触摸放水阀流出的水有烫手感觉时，再关闭放水阀，向水箱灌入90℃～100℃的清洁软水，并摇转曲轴，使各运动件得到适当预先润滑，然后再行启动。

（6）忌低温负荷作业。柴油机启动着火后，有些驾驶员迫不及待地投入负荷作业，这种做法是不正确的。着火不久的柴油机，由于机体温度低，润滑油黏度大，会引起机器严重磨损。另外，柱塞弹簧、气门弹簧和喷油器弹簧也会因"冷脆"而断裂。故冬季柴油机启动着火后，应以低中速空转几分钟，等冷却水温度达到60℃时，再投入负荷作业。

（7）忌不注意机体保温。冬季气温低，容易使柴油机工作时冷却过度。故保温是冬季用好柴油机的关键。在北方地区，冬天使用的柴油机都应配备保温套和保温帘等防寒设备。

另外，节温器对柴油机工作时的升温起着重要作用。故入冬前应检查节温器的工作是否正常，失效的节温器应及时更换。

第八章　新车保养

第一节　新车保养概述

一、熟读使用手册

使用手册是汽车基本操作及保养的指南，包含发动机型号、机油容量、变速箱油容量、冷却水容量、火花塞规格、气门间隙值、点火正时角度、各种负荷情况下的胎压、各种螺丝的旋紧扭力等内容。此外，日常的行车检查项目、方法以及紧急情况的应变方法都是驾驶员必须了解的常识。

二、检视车况

在新车落地后，应该检查机油、胎压是否合格，底盘螺丝是否锁紧。新车有90%以上胎压是不合格的，主要表现为胎压过高。过高的胎压不但会造成轮胎的异常磨损、抓地力的降低、舒适度的降低等问题，严重者还会造成悬挂系统的活动机件间间隙加大，并加速吸震筒的劣化。

三、试车

试车是非常必要的环节，需把握两大原则：轻柔平滑及轻负荷，并用心感受发动机的负荷与运转。在试车期不论速度快慢，应该避免长时间保持等速或等转速行驶，并且要让每一挡、在各种转速下都能有足够的磨合机会，尤其要避免任何情况下发动机的抖动。

四、新车首次保养

新车首次养护不容小觑，新车漆面虽无老化问题，但在使用前应该做彻底的保护处理。因为从出厂运输到停车场，车表漆已经接触了空气、酸气、灰沙，并开始进入了氧化程序。及时正确地养护汽车，有助于延长汽车的使用寿命。

车内甲醛的主要来源是汽车仪表盘的塑料件、地毯、车顶毡、沙发和其他装饰时使用的胶水等。由于汽车空间窄小，车内空气质量不高，再加上汽车密闭性好，汽车内有害气体超标比房屋室内有害气体超标对人体的危害程度更大。尤其是甲醛，对人的神经有麻痹作用，容易引起头晕、胸闷等症状，从而影响驾驶安全。所以在行车时，驾驶员一定要注意开窗通风。

五、1000 km 保养

（一）更换机油

更换机油时需在滤清器的边缘橡皮上涂上少许机油，避免旋紧时橡皮扭曲而导致密合度不佳，造成机油渗漏。

（二）更换自动变速箱油

更换自动变速箱油（ATF）后，在检查液面高度时必须先确认油温，因为通常使用手册都会要求 ATF 达到工作温度（50℃～80℃）时再量。这样，可避免因为油温的不同而造成的液面高度差异。再则，挡位要停留在"N"挡（空挡），在排入"N"挡前要从"P"挡（停车挡）开始打过每个挡位，并且在每个挡位停留 2 s 以上。遇到液面太高时，务必要求技工抽掉多余的 ATF，因为自动变速箱的液力变矩器传递效率的天敌就是气泡，劣质的 ATF 和过多的 ATF 都会造成气泡，降低效率，并在制动时产生不良的冲击。

（三）调整气门间隙

气门间隙太大会有异音，太小则转速提升吃力。1000 km 保养时，务必对气门间隙进行调整，而且最好以"四次调法"来进行调整。调整应该在冷车时进行，虽然有些车种同时提供了冷车以及热车时的气门间隙值，但是因为热车的定义弹性及差异颇大，因此还是在冷车时调整最佳。但是，从车开进保养厂到完全冷却，可能需要等待 3 h～4 h。

（四）检查点火正时

检查点火正时前，应该先拆下火花塞检查电极状况，看看是否要使用其他热值型号的火花塞。点火正时的异常并不易察觉，但正时过早容易引起爆震，太晚则导致发动机出力降低、增加油耗。

（五）确认方向盘和各踏板的自由间隙

方向盘的自由间隙是判断转向系统是否异常的重要依据。因此，进行 1000 km 保养时，需要确认方向盘的自由间隙是否合乎标准值。

离合器、刹车、油门踏板的间隙，对于操作时的顺畅度有着极为重要的影响。对手排车来说，刹车与油门踏板间的关系，直接影响了脚后跟或脚尖的操作，最理想的状态是踩下刹车后，踏板高度恰与油门踏板齐平，并注意不要让油门踏板有太长的自由间隙。

（六）定位及轮胎

做四轮定位既可确保操控汽车时的稳定性，更可避免轮胎及转向系统的异常损耗。定位时，可同时检查胎压及轮胎固定螺丝和底盘固定螺丝的紧度。最后要检查刹车碟盘的磨合情况，以了解刹车卡钳的正常动作及踩刹车的习惯是否正确。

依照上述的步骤做完 1000 km 保养后，将当时的车况清清楚楚地记录下来，以此作为日后出现异常状况时的参考、评断标准，并将此工作延续到每 5000 km 的定期保养。平时应细心检查，日常行车也应用心体会，发现异常应立即寻求解决途径。即使是细微处也不可轻视，尤其是在保养期内发现问题，一定要在保养期内解决，以免日后投诉无门。

第二节　汽车磨合期间的使用与保养

一、汽车在磨合期间的使用

汽车的磨合期，如同运动员参赛前的热身运动，目的是使机体各部件机能适应环境的能力得到调整、提升。汽车磨合的优劣，会对汽车寿命、安全性和经济性产生重要影响，不可小视。

做好检查维护，提高磨合质量，应注意以下几个方面的问题：

（1）规定磨合期为 2000 km 的车辆，行驶里程不应少于 2000 km，这是保证机件充分接触、摩擦、适应、定型的基本里程。

（2）驾驶时，需严格执行驾驶损伤规程。一是要避免节气门全开；二是要保持发动机的正常工作温度。车速应控制在规定范围内，切不可在此时"狂奔猛跑"。新车及大修后的汽车都装有限速器，不得随意拆除。

（3）轻装上阵。新车不宜劳顿，承载率应低于90%，并选择平坦道路行驶。慢起动，缓停车。在汽车的磨合期间，最好起步先预热，制动分离合，尽量避免紧急制动，否则不仅会使磨合中的制动系统受到重创，而且会加大底盘对发动机的冲击负荷。

磨合期的车辆，在行驶时应循序渐进，以最低挡起步，逐步加高挡位，切不可使用高挡位低速行驶，也不可使用低挡位高速行驶。并且要勤换挡位，不要长时间使用一个挡位行车。行进中要注意发动机、变速器、驱动桥的工作状况及温度变化，掌握车况。

二、磨合期间的保养内容

磨合期间的保养内容主要包括以下几个方面：检查与调整风扇及水泵驱动皮带的张力、凸轮轴正时皮带的张力；检查发动机气缸盖螺丝的松紧度，调校点火正时；更换发动机机油滤清器，更换发动机机油；补充散热器冷却液，清除空气滤清器的灰尘；调整气门间隙，调整怠速与怠速混合器踏板间隙，调整制动踏板行程；检查制动液量，查看有无泄漏；检查手制动杆与拉索行程，检查并紧固车轮与轮毂螺母连接，检查变速器与差速器油量、检查其他关键螺母的拧紧力矩；检查转向系统间隙松紧度和润滑油有无泄漏，转向盘的自由行程是否合适。磨合期间的保养完成后，才能进入正常使用期。

第三节　日常保养

发动机是汽车的心脏，是汽车的核心部件，平常检查与保养应慎之又慎。其外部可用发动机清洗剂清洗干净，至于在工作中其内部所产生的积炭、杂质、胶质等废物，可使用免拆清洗剂在不解体的情况下清洗，如果对发动机比较熟悉，也可打开机盖进行清洗。在检查机体内部时，一定要十分小心，稍有不慎就会损伤机件，如没有十成把握，建议还是交给修理厂处理。

汽车日常维护保养主要有以下几方面。

一、发动机润滑油和滤芯方面

发动机依靠机油进行润滑，良好的润滑可以降低机械零件运转时的噪声，减轻零件的磨损，还能使发动机更好地散热。但如果机油过早变质，必然会降低发动机的使用寿命，因此应按保养手册要求及时更换，并使用 SG 或 SH 级机油。如果发动机工作条件恶劣，还应视实际情况而定。润滑油的选用应遵循下述原则。

（一）使用适当质量等级的润滑油

对于汽油发动机，应根据进排气系统的附加装置和使用条件选用 SD ~ SF 级汽油机油；柴油发动机，则要根据机械负荷选用 CB ~ CD 级柴油机油，选用不低于生产厂家规定的柴油机油。

（二）使用适当黏度的润滑油

机油黏度过低，则油膜容易损坏且产生零件卡住现象；黏度过高，则将产生零件移动的附加阻力，致使发动机启动困难，增加功率损失。因此，更换机油时，尽可能参阅车辆使用手册上厂商建议用的黏度。一般可遵循以下原则选用润滑油：

（1）根据气候选用机油。环境温度较低时，选用黏度较小的机油，便于发动机启动；环境温度较高时，选用黏度较高的机油，便于运动时保持油膜。

（2）根据车质选用机油。车质较好的发动机，配合间隙较小，可选用黏度较小的机油；车质较差的发动机，配合间隙较大，可选用黏度较大的机油。

（3）由于柴油机有较高的燃烧压力，加上柴油含硫，燃烧后产生亚硫酸稀释机油，因此柴油机应选用能中和亚硫酸的柴油机专用机油。

二、火花塞方面

火花塞是汽油发动机点火系的重要部件之一。发动机在运转过程中，火花塞除了承受大的电负荷外，还与高温、高压燃气直接接触，承受较大的热负荷和机械负荷，且受到燃烧产物的强烈腐蚀。因此，它是故障率较高、较易损坏的部件。但如果正确使用与维护，则可延长其使用寿命。

汽油发动机的工况是否正常，与火花塞能否正常提供足够的点火能量有直接关系。一旦火花塞工作不良，发动机就会出现怠速不稳、加速不良等症状，严重时会导致发动机缺缸。如果持续时间过久，不但发动机不能正常工作，还会使未燃混合气进入排气系统，导致三元催化转换器过热损坏，发动机也会因此出现故障。故车辆每行驶20 000 km 时，应检查并更换火花塞。

火花塞的选用和清洁、调整应遵循下述原则。

（一）正确选型

在发动机转速和功率正常变化的范围内，即使火花塞吸收的热量与散出的热量维持一定的平衡状态，使火花塞裙部的温度经常处在自净（500℃ ~ 600℃）温度范围内。如果在使用过程中发现火花塞绝缘体裙部经常有油污、积炭，常因火花塞裙部温度过高而引起炽热点火等，都说明所用火花塞热值不合理，应更换更热型（前者）或更冷型（后者）火花塞。

（二）及时清洁

积炭和油污是火花塞的常见沉积物。积炭一般沉积在火花塞旋入部分的壳体端面和内腔，以及绝缘体裙部和电极周围，是一层黑色或灰黑色的沉积物，严重时呈茸状黑色无光泽的积炭层。油污主要存在于火花塞旋入气缸内的壳体面和绝缘体裙部。严重的油污和积炭相当于在火花塞电极之间并联了一个电阻，使次级电路闭合，于是在次级电压还未上升到火花塞击穿电压时，就通过积炭产生漏电，使次级电压下降，造成点火困难。

火花塞的清洁最好在火花塞清洁试验器上进行。如果受条件限制，不能进行仪器清洁，可对火花塞进行清洗。清洗的重点是绝缘体裙部，清洗时可先在煤油中浸泡，然后用非金属工具刮除沉积物，最后用煤油洗净，用压缩空气吹干（禁止用高温烧烤）。火花塞清洁后，电极必须锉成锐边状，因为火花塞比较容易由电极的锐边跳火。

（三）合理调整

火花塞间隙与发动机工作的稳定性、燃油消耗量及排气污染等直接相关。火花塞标准间隙一般冬季为 0.6 mm ～ 0.7 mm，夏季为 0.9 mm ～ 1.0 mm，当采用电子点火时，间隙可增大到 1.0 mm ～ 1.2 mm。间隙过小，会使电火花变得微弱；间隙过大，会使两电极间所需的击穿电压被过分提高。间隙过大过小，都会使发动机的工作稳定性下降，燃油消耗量和排气污染物的排放量大幅度上升，所以此时应进行合理调整。

调整火花塞间隙应使用专用工具，通过弯曲火花塞侧电极进行。调整后，应使用专用线规进行间隙检查，当指定厚度的线规通过间隙时，若间隙合适，线规应受到轻微阻力。调整间隙时应注意，不要使调整工具碰到中央电极或瓷体，否则易损坏瓷体。检查间隙时，最好不要用厚薄规，因为使用较久的火花塞，其侧电极工作表面往往被烧蚀出凹槽，用厚薄规测量会影响准确性。

（四）谨慎拆装

火花塞的拆卸应用专用套筒扳手，避免使绝缘体碎裂造成火花塞报废。为避免损伤气缸盖上的火花塞螺纹孔，严禁在发动机热态时拆卸火花塞。

安装火花塞前应检查密封垫圈是否丢失。垫圈丢失，会使火花塞散热不良，且因其旋入过长，使绝缘体过分伸入燃烧室，这将引起火花塞过热，导致发生早燃等问题。为保护螺纹孔和便于下次拆卸，安装时应在螺纹部位涂少许润滑油。为使火花塞牢固可靠，又不损伤螺纹孔，火花塞的紧固力矩要适当，一般情况下，不同材质的气缸盖所需火花塞的紧固力矩不同。

（五）正时齿带方面

配气机构的驱动力来源于发动机的曲轴，现代轿车发动机大多采用正时齿带作为顶置凸轮轴式配气机构的驱动形式。

对于正时齿带所需进行的常规检查，是发动机定期维护、检查的一项重要内容，因为它维系着发动机的正常运转。一旦出现损坏，车辆将不能行驶，若故障较重，会使发动机的主要部分严重受损，造成重大损失。

在对车辆进行保养时，应注意观察正时齿带的工作状况，有无油迹及橡胶老化等现象，以防齿带发生跳齿、断裂等故障。另外，每隔 100 000 km，必须更换新的正时齿带，这是因为，随着皮带越用越旧，它拉伸的程度势必超过张紧装置能够补偿的范围，因而产生打滑现象。而轮齿磨损、有润滑油附着等也会导致打滑。检查时，如果皮带有硬度降低、磨蚀、纤维断裂、裂纹或者裂缝的现象，就表明皮带已破损，不可继续使用。

（六）曲轴箱通风方面

发动机在运转过程中，气缸内的高压未燃烧气体、酸、水分、硫和氮的氧化物等经过活塞环与缸壁之间的间隙进入曲轴箱中，与零件磨损产生的金属粉末混在一起，形成油泥。量少时，它们在润滑油中悬浮，量大时它们从润滑油中析出，堵塞滤清器和油孔，导致发动机润滑困难、腐蚀机件、磨损加剧。因此，现在大部分汽油机都装有曲轴箱强制通风装置（PCV 阀），促使发动机换气。

装有 PCV 阀的发动机在工作中，窜气中的污染物会沉积在 PCV 阀的周围，也会导致阀门堵塞。如果 PCV 阀堵塞，则污染气体将逆向流入空气滤清器，污染滤芯，降低滤芯的过滤能力。吸入的混合气过脏，会污染曲轴箱，导致燃料消耗增大、发动机磨损加大，甚至损坏发动机。因此，须定期保养 PCV 阀，清除 PCV 阀周围的污染物。

（七）燃油系统方面

燃油在通过油路供往燃烧室燃烧的过程中，不可避免地会形成胶质和积炭，在油道、化油器、喷油嘴和燃烧室中沉积下来，干扰燃油流动，破坏正常空燃比，使燃油雾化不良，出现发动机喘抖、爆震、怠速不稳、加速不良等性能问题。所以应定期使用高效清洗剂清洗燃油系统，控制积炭生成，使发动机保持最佳状态。

（八）油路系统方面

尽量使用品质可靠的燃油，必要时加入燃油添加剂。品质可靠的燃油对电喷发动机来说尤为重要。因为电喷式与化油器式发动机喷油机制不一样，它通过雾状的汽油在进气门打开时喷出来，汽油雾浓得多，此时油道内的温度可达到290℃以上。这使喷油嘴、气门杆和进气门上方极易形成积炭和胶质，导致气门关不严、汽缸压力下降，出现气门冷粘连、喷嘴油道堵塞等问题。燃油添加剂中含有抗爆剂、抗磨剂、助燃剂、清洁分散剂等，它可以有效地清除燃油系统的积炭和胶质，提高燃油的燃烧速度，减少排气污染。很多汽车在使用燃油添加剂后仍会产生积炭和胶质，因此要真正保证油路通，在汽车每运行 20 000 km ～ 25 000 km 时，应对油路系统彻底清洗一次。

此外，保持清洁的发动总成也十分必要。汽车每行驶 1000 km 左右，应将空气滤清器的滤芯拆卸下来，用压缩空气从里向外将灰尘等脏物吹干净。空气滤清器和燃油、机油滤清器都要及时更换。发动机、变速箱和其他的一些总成上都有通气阀，要经常清除脏物、灰尘、保持通气，便于高温时油气溢出。分电器的白金触点在使用一段时间后上面会有烧蚀，导致电阻增加、火花塞打火能量下降、发动机输出功率降低等。这就要用细砂纸把那层氧化层轻轻打磨掉，但要注意触点的面积不能小于 80%，否则需要更换。

（九）水箱方面

发动机水箱生锈、结垢是最常见的问题。锈迹和水垢会限制冷却液在冷却系统中的流动，降低散热作用，导致发动机过热，甚至造成发动机损坏。冷却液氧化还会形成酸性物质，腐蚀水箱的金属部件，造成水箱破损、渗漏。定期使用高效清洗剂清洗水箱，除去其中的锈迹和水垢，不但能保证发动机正常工作，而且可以延长水箱和发动机的整体寿命。

（十）驾驶习惯方面

应定期检查机油液面。液面过高，不仅会增加发动机运转时的阻力，造成不必要的功率损失，还会造成机油泄漏；液面过低，会因润滑不良而损坏发动机。因此，驾驶员应注意留意机油情况。启动发动机前打开点火开关时，机油平面指示灯和机油压力指示灯应点亮，启动发动机后应熄灭。对于有些使用机油压力表的车型，发动机怠速运转时，机油压力不应低于 0.02 MPa，如果发动机运转时机油压力指示灯点亮，或者机油压力指示过低，应尽快停车检查，必要时将车辆拖到修理厂检查。

参考文献

[1] 宋健，王伟玮，李亮. 汽车安全技术的研究现状和展望 [J]. 汽车安全与节能学报，2010(2)：98-106.

[2] 廖琪梅，李卓森. 汽车安全性的历史和现状 [J]. 汽车技术，1998(3)：1-4.

[3] 赵高晖，朱文宁，何稚桦，等. 汽车安全性分析 [J]. 上海工程技术大学学报(3)：199-204.

[4] 赵福全，吴成明，潘之杰，等. 中国汽车安全技术的现状与展望 [J]. 汽车安全与节能学报，2011，2(2)：111-121.

[5] 刘志坚. 浅谈未来汽车安全性能及其技术的发展趋势 [J]. 大科技，2013(15)：274-275.

[6] 茹永刚. 电动汽车充电设备电气安全保护能力量化考核指标研究 [J]. 电气工程学报，2017(10)：20-24.

[7] 刘海鹏，曾志斌，储召龙，等. 大众汽车安全气囊检测与维修 [J]. 汽车电器，2021(9)：77-81，85.

[8] 郭丽娟，陈晓静. 汽车安全性研究 [J]. 科技致富向导，2014(35)：47-47.

[9] 祝珂. 汽车安全性研究与分析 [J]. 汽车与安全，2011(5)：57-59.

[10] 伍祥龙，王宜海，韩勇. 一种提升汽车安全性的电路设计 [J]. 汽车实用技术，2016(7)：154-155.

[11] 彭亮. 汽车安全技术的智能化发展 [J]. 山东工业技术，2015(7)：13.

[12] 吴允久. 汽车安全技术的智能化发展 [J]. 商品与质量，2016(14)：70.

[13] 吴玉宝. 车—车侧面碰撞时汽车安全性及驾驶员损伤的仿真研究 [D]. 兰州交通大学，2019.

[14] 商献斌. 不能忽视的新能源汽车安全性：基于新能源汽车起火问题进行分析 [J]. 时代汽车，2019(9)：83-84.

[15] 谢伟平，穆国宝，何凯欣，等. 浅谈被动安全系统对汽车安全性能的作用及未来发展趋势 [J]. 汽车零部件，2018(7)：90-93.

[16] 周青. 提升自动驾驶汽车安全性任重道远 [J]. 智能网联汽车，2020(3)：48-50.

［17］罗付秋，武伟，罗勇．汽车安全性能提升探讨［J］.汽车实用技术，2020（8）：50-53.

［18］鄢兵艳．电子技术在汽车安全系统中的应用研究［J］.产业创新研究，2019（11）：253-254.

［19］顾李刚.汽车安全性能检测中的新技术［J］.工程技术研究，2018（15）：245-246.